NE 능률

기본 연산 Check-Book

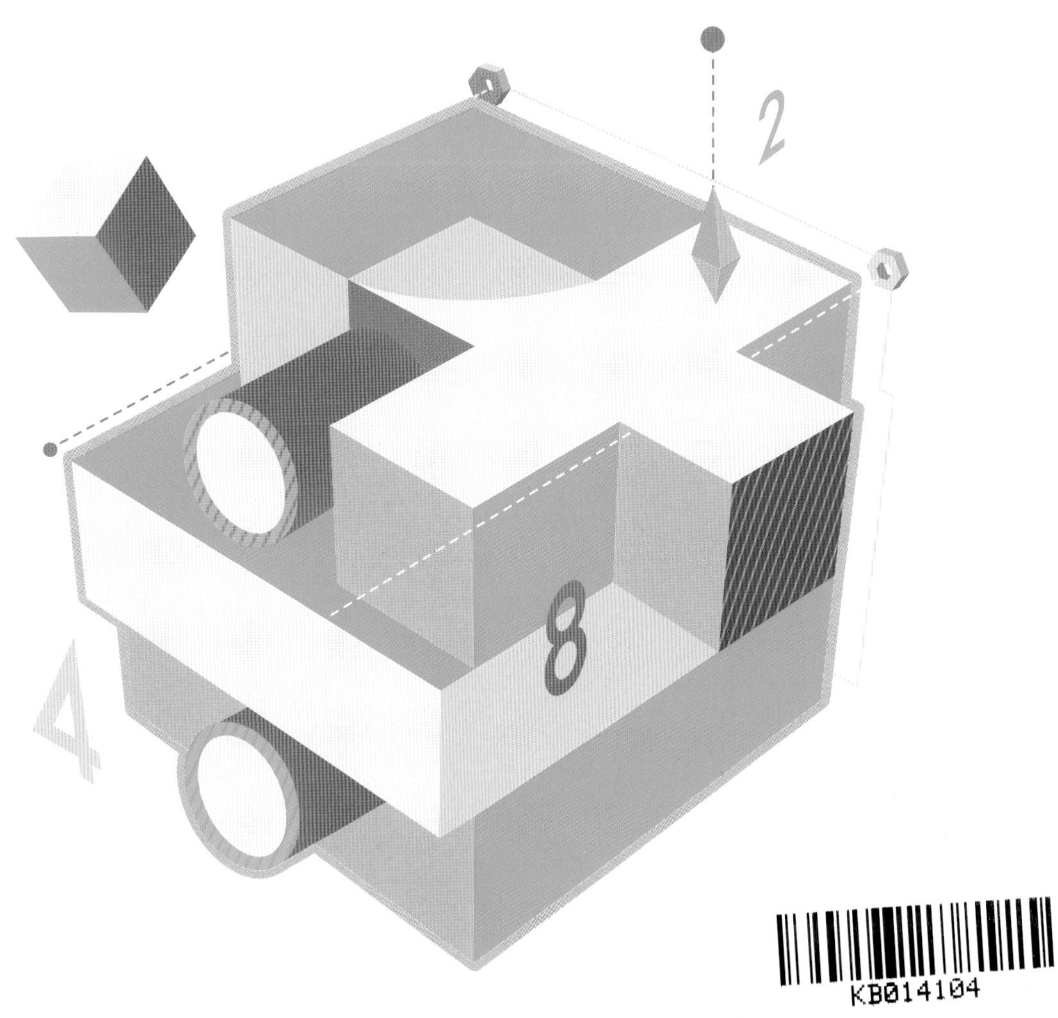

초등2 2호

두 자리 수의 덧셈과 뺄셈

1주 두 자리 수의 덧셈 (1)

❶ $24 + 67$

❷ $38 + 19$

❸ $45 + 37$

❹ $56 + 25$

❺ $38 + 71$

❻ $62 + 75$

❼ $93 + 63$

❽ $87 + 81$

❾ $47 + 84$

❿ $59 + 63$

⓫ $86 + 57$

⓬ $32 + 88$

⓭ $46 + 39$

⓮ $75 + 16$

⓯ $34 + 38$

⓰ $29 + 29$

자르는 선

⑰ $\begin{array}{r} 42 \\ +\ 37 \\ \hline \end{array}$ □

⑱ $\begin{array}{r} 57 \\ +\ 18 \\ \hline \end{array}$ □

⑲ $\begin{array}{r} 35 \\ +\ 28 \\ \hline \end{array}$ □

⑳ $\begin{array}{r} 23 \\ +\ 68 \\ \hline \end{array}$ □

㉑ $\begin{array}{r} 46 \\ +\ 73 \\ \hline \end{array}$ □

㉒ $\begin{array}{r} 85 \\ +\ 94 \\ \hline \end{array}$ □

㉓ $\begin{array}{r} 66 \\ +\ 72 \\ \hline \end{array}$ □

㉔ $\begin{array}{r} 35 \\ +\ 91 \\ \hline \end{array}$ □

㉕ $\begin{array}{r} 75 \\ +\ 87 \\ \hline \end{array}$ □

㉖ $\begin{array}{r} 88 \\ +\ 93 \\ \hline \end{array}$ □

㉗ $\begin{array}{r} 47 \\ +\ 74 \\ \hline \end{array}$ □

㉘ $\begin{array}{r} 59 \\ +\ 69 \\ \hline \end{array}$ □

㉙ $\begin{array}{r} 34 \\ +\ 27 \\ \hline \end{array}$ □

㉚ $\begin{array}{r} 55 \\ +\ 16 \\ \hline \end{array}$ □

㉛ $\begin{array}{r} 27 \\ +\ 37 \\ \hline \end{array}$ □

㉜ $\begin{array}{r} 19 \\ +\ 49 \\ \hline \end{array}$ □

㉝ $\begin{array}{r} 76 \\ +\ 76 \\ \hline \end{array}$ □

㉞ $\begin{array}{r} 68 \\ +\ 86 \\ \hline \end{array}$ □

㉟ $\begin{array}{r} 49 \\ +\ 81 \\ \hline \end{array}$ □

㊱ $\begin{array}{r} 38 \\ +\ 75 \\ \hline \end{array}$ □

자르는 선

2주 두 자리 수의 덧셈 (2)

❶ $\begin{array}{r} \square\ 7 \\ +\ 3\ \square \\ \hline 7\ 2 \end{array}$

❷ $\begin{array}{r} \square\ 9 \\ +\ 4\ \square \\ \hline 8\ 7 \end{array}$

❸ $\begin{array}{r} \square\ 6 \\ +\ 3\ \square \\ \hline 6\ 4 \end{array}$

❹ $\begin{array}{r} \square\ 8 \\ +\ 5\ \square \\ \hline 7\ 5 \end{array}$

❺ $\begin{array}{r} 5\ \square \\ +\ \square\ 6 \\ \hline 7\ 1 \end{array}$

❻ $\begin{array}{r} 2\ \square \\ +\ \square\ 7 \\ \hline 6\ 4 \end{array}$

❼ $\begin{array}{r} 1\ \square \\ +\ \square\ 8 \\ \hline 6\ 7 \end{array}$

❽ $\begin{array}{r} 4\ \square \\ +\ \square\ 9 \\ \hline 6\ 1 \end{array}$

❾ $\begin{array}{r} \square\ 4 \\ +\ 5\ 8 \\ \hline 9\ \square \end{array}$

❿ $\begin{array}{r} \square\ 7 \\ +\ 2\ 9 \\ \hline 4\ \square \end{array}$

⓫ $\begin{array}{r} \square\ 4 \\ +\ 6\ 6 \\ \hline 9\ \square \end{array}$

⓬ $\begin{array}{r} \square\ 7 \\ +\ 4\ 4 \\ \hline 9\ \square \end{array}$

⓭ $\begin{array}{r} 1\ \square \\ +\ 1\ 5 \\ \hline \square\ 3 \end{array}$

⓮ $\begin{array}{r} 2\ \square \\ +\ 5\ 3 \\ \hline \square\ 2 \end{array}$

⓯ $\begin{array}{r} 4\ \square \\ +\ 3\ 6 \\ \hline \square\ 1 \end{array}$

⓰ $\begin{array}{r} 5\ \square \\ +\ 3\ 9 \\ \hline \square\ 7 \end{array}$

⓱ $\begin{array}{r} 2\ 5 \\ +\ 1\ \square \\ \hline \square\ 3 \end{array}$

⓲ $\begin{array}{r} 6\ 9 \\ +\ 2\ \square \\ \hline \square\ 8 \end{array}$

⓳ $\begin{array}{r} 3\ 5 \\ +\ \square\ 8 \\ \hline 8\ \square \end{array}$

⓴ $\begin{array}{r} 6\ 2 \\ +\ \square\ 9 \\ \hline 9\ \square \end{array}$

자르는 선

2주 두 자리 수의 덧셈 (2)

㉑ 8□ + □1 = □68

㉒ 9□ + □4 = □47

㉓ 6□ + □7 = □39

㉔ 3□ + □1 = □29

㉕ □4 + 6□ = □29

㉖ □5 + 9□ = □78

㉗ □2 + 5□ = □29

㉘ □1 + 9□ = □52

㉙ 7□ + □7 = □65

㉚ 8□ + □9 = □38

㉛ 3□ + □8 = □26

㉜ 8□ + □6 = □65

㉝ □9 + 5□ = □07

㉞ □6 + 7□ = □53

㉟ □9 + 9□ = □87

㊱ □5 + 9□ = □54

㊲ 56 + □8 = □3□

㊳ 68 + 8□ = □□7

㊴ □□ + 97 = □43

㊵ 85 + □□ = □81

자르는 선

3주 두 자리 수의 뺄셈 (1)

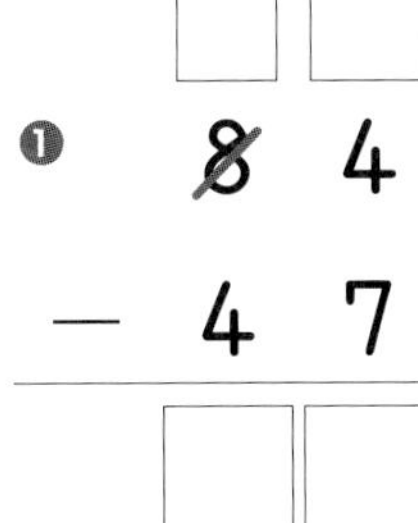

❶ 84 − 47 = □□

❷ 63 − 49 = □□

❸ 86 − 57 = □□

❹ 82 − 38 = □□

❺ 46 − 19 = □□

❻ 75 − 16 = □□

❼ 74 − 38 = □□

❽ 58 − 29 = □□

❾ 86 − 58 = □□

❿ 92 − 68 = □□

⓫ 85 − 47 = □□

⓬ 50 − 29 = □□

⓭ 42 − 29 = □□

⓮ 64 − 27 = □□

⓯ 38 − 19 = □□

⓰ 55 − 26 = □□

자르는 선

월 일

⑰	⑱	⑲	⑳
33 − 15 = □	42 − 24 = □	55 − 19 = □	64 − 48 = □

㉑	㉒	㉓	㉔
71 − 35 = □	44 − 27 = □	31 − 19 = □	52 − 37 = □

㉕	㉖	㉗	㉘
83 − 46 = □	95 − 16 = □	75 − 48 = □	66 − 39 = □

㉙	㉚	㉛	㉜
73 − 58 = □	81 − 52 = □	94 − 27 = □	53 − 39 = □

㉝	㉞	㉟	㊱
30 − 18 = □	46 − 17 = □	72 − 55 = □	88 − 29 = □

자르는 선

4주 두 자리 수의 뺄셈 (2)

1. $91 - 2\square = 62$
2. $58 - 3\square = 19$
3. $91 - 4\square = 44$
4. $61 - 1\square = 42$
5. $7\square - 57 = 18$
6. $6\square - 38 = 26$
7. $6\square - 48 = 19$
8. $9\square - 66 = 24$
9. $\square 1 - 46 = 45$
10. $\square 3 - 48 = 35$
11. $\square 8 - 29 = 69$
12. $\square 2 - 53 = 29$
13. $46 - \square 9 = 17$
14. $64 - \square 7 = 27$
15. $87 - \square 8 = 39$
16. $72 - \square 5 = 37$
17. $\square 1 - 16 = 55$
18. $9\square - 48 = 44$
19. $33 - \square 5 = 18$
20. $43 - 1\square = 25$

자르는 선

4주 두 자리 수의 뺄셈 (2)

㉑ □1 − 6□ = 13

㉒ □7 − 3□ = 17

㉓ □7 − 3□ = 38

㉔ □1 − 2□ = 62

㉕ 6□ − □9 = 36

㉖ 9□ − □8 = 15

㉗ 5□ − □9 = 28

㉘ 9□ − □2 = 39

㉙ □5 − 67 = 1□

㉚ □8 − 49 = 3□

㉛ □2 − 26 = 3□

㉜ □6 − 38 = 3□

㉝ 4□ − 26 = □9

㉞ 5□ − 17 = □6

㉟ 8□ − 29 = □9

㊱ 9□ − 59 = □5

㊲ 56 − □9 = 3□

㊳ 97 − □8 = 2□

㊴ 85 − 3□ = □6

㊵ 62 − 4□ = □7

자르는 선

5주 두 자리 수의 덧셈과 뺄셈

❶
- $27+59=$ 86
- $59+27=$ □
- $86-27=$ □
- $86-59=$ □

❷
- $70-24=$ 46
- $70-46=$ □
- $24+46=$ □
- $46+24=$ □

❸
- $43-19=$ 24
- $43-24=$ □
- $19+24=$ □
- $24+19=$ □

❹
- $47+28=$ 75
- $28+47=$ □
- $75-47=$ □
- $75-28=$ □

❺
- $65+19=$ 84
- $19+65=$ □
- $84-65=$ □
- $84-19=$ □

❻
- $74-46=$ 28
- $74-28=$ □
- $46+28=$ □
- $28+46=$ □

자르는 선

월 일

❼
49 + [22] = 71
22 + [ ] = 71
71 − [ ] = 49
71 − [ ] = 22

❽
94 − [27] = 67
94 − [ ] = 27
27 + [ ] = 94
67 + [ ] = 94

❾
53 − [18] = 35
53 − [ ] = 18
35 + [ ] = 53
18 + [ ] = 53

❿
28 + [42] = 70
42 + [ ] = 70
70 − [ ] = 28
70 − [ ] = 42

⓫
66 + [27] = 93
27 + [ ] = 93
93 − [ ] = 27
93 − [ ] = 66

⓬
81 − [14] = 67
81 − [ ] = 14
67 + [ ] = 81
14 + [ ] = 81

자르는 선

6주 여러 가지 계산 방법

❶ 47 + 28

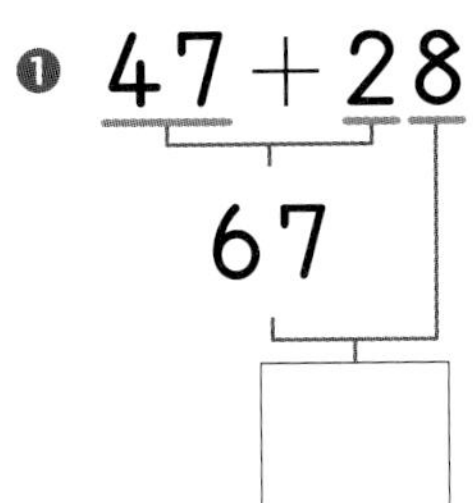

67

❷ 63 + 19

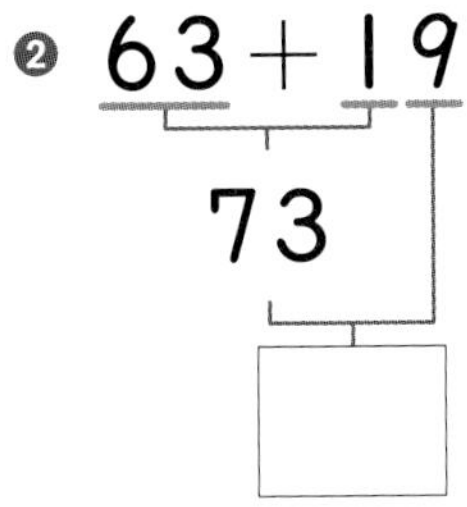

73

❸ 26 + 35

56

❹ 54 + 38

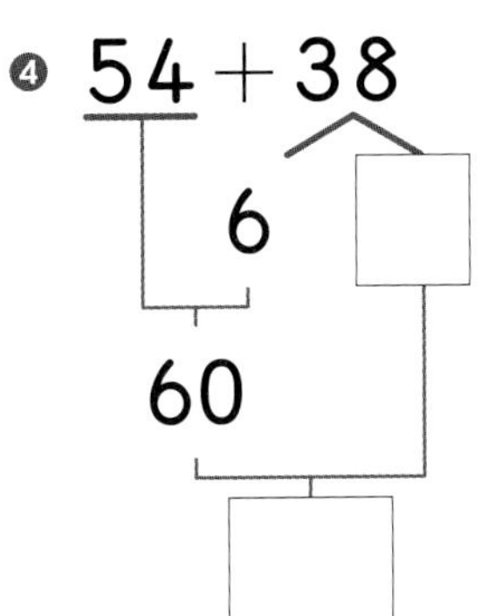

6

60

❺ 27 + 39

3

30

❻ 48 + 24

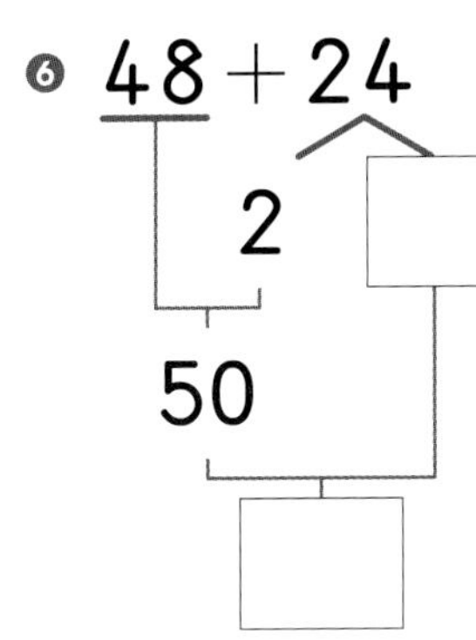

2

50

❼ 54 + 27

−3

84

❽ 69 + 29

−1

99

❾ 45 + 39

−1

85

❿ 57 + 14

67

⓫ 39 + 15

1

40

⓬ 25 + 48

−2

75

자르는 선

⑬ 82 − 37

52

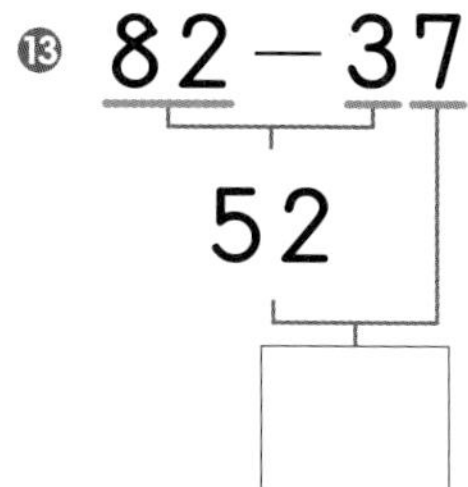

⑭ 64 − 26

44

⑮ 35 − 17

25

⑯ 55 − 36

31

50

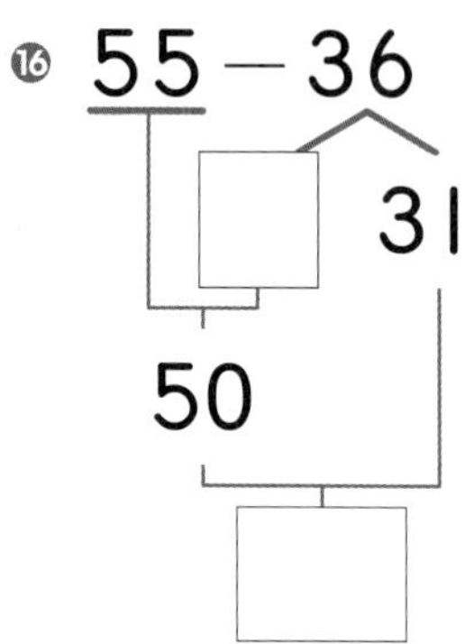

⑰ 73 − 27

24

70

⑱ 42 − 29

27

40

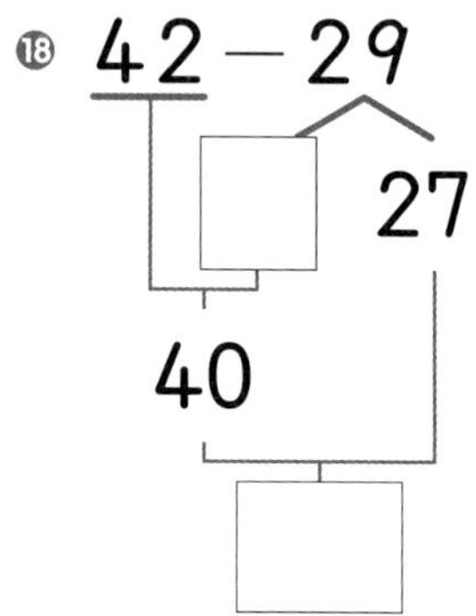

⑲ 73 − 29

−30+

43

⑳ 64 − 38

−40+

24

㉑ 92 − 57

−60+

32

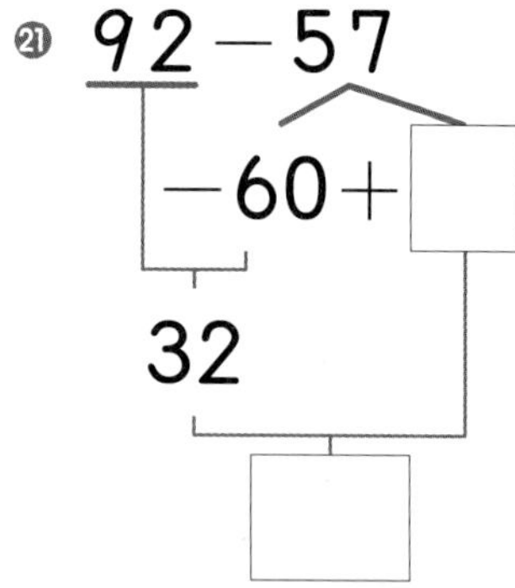

㉒ 72 − 53

22

㉓ 65 − 57

52

60

㉔ 41 − 29

−30+

11

자르는 선

7주 식으로 표현하기

❶ 27, 35, 62

27 + 35 = 62

35 + 27 = 62

62 − 27 = 35

62 − 35 = 27

❷ 44, 29, 73

☐ + ☐ = ☐

☐ + ☐ = ☐

☐ − ☐ = ☐

☐ − ☐ = ☐

❸ 64, 27, 91

☐ + ☐ = ☐

☐ + ☐ = ☐

☐ − ☐ = ☐

☐ − ☐ = ☐

❹ 45, 48, 93

☐ + ☐ = ☐

☐ + ☐ = ☐

☐ − ☐ = ☐

☐ − ☐ = ☐

자르는 선

월 일

❺ 29, 38, 67

□ + □ = □
□ + □ = □
□ − □ = □
□ − □ = □

❻ 49, 28, 77

□ + □ = □
□ + □ = □
□ − □ = □
□ − □ = □

❼ 35, 36, 71

□ + □ = □
□ + □ = □
□ − □ = □
□ − □ = □

❽ 52, 28, 80

□ + □ = □
□ + □ = □
□ − □ = □
□ − □ = □

자르는 선

8주 문해결 연산

1 2, 4, 8

   [2] 7
+ 5 [4]
   [8] 1

2 2, 6, 8

   □ 7
+ 5 □
   □ 3

3 3, 5, 7

   3 □
+ □ 6
   9 □

4 1, 4, 8

   7 □
+ □ 6
   9 □

5 2, 3, 8

   □ 5
+ 1 □
   4 □

6 4, 5, 9

   □ 6
+ 2 □
   7 □

7 1, 5, 8

   3 □
+ □ 9
   □ 7

8 3, 5, 8

   4 □
+ □ 7
   □ 2

9 6, 7, 9

   □ 5
+ 1 □
   □ 1

10 2, 3, 4

   3 □
+ □ 8
   7 □

자르는 선

월 일

⑪ 1, 3, 8

$$\begin{array}{r} \square\,0 \\ -\ 1\,\square \\ \hline \square\,2 \end{array}$$

⑫ 2, 4, 7

$$\begin{array}{r} \square\,6 \\ -\ 1\,\square \\ \hline \square\,9 \end{array}$$

⑬ 2, 8, 9

$$\begin{array}{r} 8\,\square \\ -\ \square\,9 \\ \hline 5\,\square \end{array}$$

⑭ 4, 5, 6

$$\begin{array}{r} 7\,\square \\ -\ \square\,8 \\ \hline 1\,\square \end{array}$$

⑮ 3, 7, 8

$$\begin{array}{r} \square\,3 \\ -\ 4\,\square \\ \hline \square\,6 \end{array}$$

⑯ 7, 8, 9

$$\begin{array}{r} \square\,4 \\ -\ 1\,\square \\ \hline \square\,6 \end{array}$$

⑰ 1, 3, 6

$$\begin{array}{r} 6\,\square \\ -\ \square\,5 \\ \hline 2\,\square \end{array}$$

⑱ 1, 4, 7

$$\begin{array}{r} 4\,\square \\ -\ \square\,7 \\ \hline 2\,\square \end{array}$$

⑲ 1, 3, 5

$$\begin{array}{r} \square\,3 \\ -\ 1\,\square \\ \hline \square\,8 \end{array}$$

⑳ 2, 3, 8

$$\begin{array}{r} 5\,\square \\ -\ \square\,4 \\ \hline 1\,\square \end{array}$$

자르는 선

정 답

1주 두 자리 수의 덧셈 (1)

1~2쪽

❶ 1, 91 ❷ 1, 57 ❸ 1, 82 ❹ 1, 81 ❺ 109 ❻ 137 ❼ 156 ❽ 168 ❾ 1, 131 ❿ 1, 122
⓫ 1, 143 ⓬ 1, 120 ⓭ 1, 85 ⓮ 1, 91 ⓯ 1, 72 ⓰ 1, 58 ⓱ 79 ⓲ 75 ⓳ 63 ⓴ 91
㉑ 119 ㉒ 179 ㉓ 138 ㉔ 126 ㉕ 162 ㉖ 181 ㉗ 121 ㉘ 128 ㉙ 61 ㉚ 71 ㉛ 64 ㉜ 68
㉝ 152 ㉞ 154 ㉟ 130 ㊱ 113

2주 두 자리 수의 덧셈 (2)

3~4쪽

❶ 3, 5 ❷ 3, 8 ❸ 2, 8 ❹ 1, 7 ❺ 5, 1 ❻ 7, 3 ❼ 9, 4 ❽ 2, 1 ❾ 3, 2 ❿ 1, 6 ⓫ 2, 0 ⓬ 4, 1
⓭ 8, 3 ⓮ 9, 8 ⓯ 5, 8 ⓰ 8, 9 ⓱ 8, 4 ⓲ 9, 9 ⓳ 4, 3 ⓴ 2, 1 ㉑ 7, 8, 1 ㉒ 3, 5, 1
㉓ 2, 7, 1 ㉔ 8, 9, 1 ㉕ 6, 5, 1 ㉖ 8, 3, 1 ㉗ 7, 7, 1 ㉘ 6, 1, 1
㉙ 8, 8, 1 ㉚ 9, 4, 1 ㉛ 8, 8, 1 ㉜ 9, 7, 1 ㉝ 4, 8, 1 ㉞ 7, 7, 1
㉟ 8, 8, 1 ㊱ 5, 9, 1 ㊲ 7, 1, 4 ㊳ 9, 1, 5 ㊴ 4, 6, 1 ㊵ 9, 6, 1

3주 두 자리 수의 뺄셈 (1)

5~6쪽

❶ 7, 10, 3, 7 ❷ 5, 10, 1, 4 ❸ 7, 10, 2, 9 ❹ 7, 10, 4, 4 ❺ 3, 10, 2, 7 ❻ 6, 10, 5, 9
❼ 6, 10, 3, 6 ❽ 4, 10, 2, 9 ❾ 7, 10, 2, 8 ❿ 8, 10, 2, 4 ⓫ 7, 10, 3, 8 ⓬ 4, 10, 2, 1
⓭ 3, 10, 1, 3 ⓮ 5, 10, 3, 7 ⓯ 2, 10, 1, 9 ⓰ 4, 10, 2, 9 ⓱ 18 ⓲ 18 ⓳ 36 ⓴ 16
㉑ 36 ㉒ 17 ㉓ 12 ㉔ 15 ㉕ 37 ㉖ 79 ㉗ 27 ㉘ 27 ㉙ 15 ㉚ 29 ㉛ 67 ㉜ 14
㉝ 12 ㉞ 29 ㉟ 17 ㊱ 59

4주 두 자리 수의 뺄셈 (2)

7~8쪽

❶ 9 ❷ 9 ❸ 7 ❹ 9 ❺ 5 ❻ 4 ❼ 7 ❽ 0 ❾ 9 ❿ 8 ⓫ 9 ⓬ 8
⓭ 2 ⓮ 3 ⓯ 4 ⓰ 3 ⓱ 7 ⓲ 2 ⓳ 1 ⓴ 8 ㉑ 8, 8 ㉒ 4, 0 ㉓ 7, 9 ㉔ 9, 9
㉕ 5, 2 ㉖ 3, 7 ㉗ 7, 2 ㉘ 1, 5 ㉙ 8, 8 ㉚ 8, 9 ㉛ 6, 6 ㉜ 7, 8 ㉝ 5, 1 ㉞ 3, 3 ㉟ 8, 5 ㊱ 4, 3
㊲ 1, 7 ㊳ 6, 9 ㊴ 9, 4 ㊵ 5, 1

5주 두 자리 수의 덧셈과 뺄셈

9~10쪽

❶ 86, 86, 59, 27 ❷ 46, 24, 70, 70 ❸ 24, 19, 43, 43 ❹ 75, 75, 28, 47
❺ 84, 84, 19, 65 ❻ 28, 46, 74, 74 ❼ 22, 49, 22, 49 ❽ 27, 67, 67, 27
❾ 18, 35, 18, 35 ❿ 42, 28, 42, 28 ⓫ 27, 66, 66, 27 ⓬ 14, 67, 14, 67

6주 여러 가지 계산 방법

11~12쪽

❶ 75 ❷ 82 ❸ 61 ❹ 32, 92 ❺ 36, 66 ❻ 22, 72 ❼ 30, 81 ❽ 30, 98
❾ 40, 84 ❿ 71 ⓫ 14, 54 ⓬ 50, 73 ⓭ 45 ⓮ 38 ⓯ 18 ⓰ 5, 19
⓱ 3, 46 ⓲ 2, 13 ⓳ 1, 44 ⓴ 2, 26 ㉑ 3, 35 ㉒ 19 ㉓ 5, 8 ㉔ 1, 12

7주 식으로 표현하기

13~14쪽

❶ 27+35=62, 35+27=62, 62−27=35, 62−35=27 ❷ 44+29=73, 29+44=73, 73−44=29, 73−29=44 ❸ 64+27=91, 27+64=91, 91−64=27, 91−27=64
❹ 45+48=93, 48+45=93, 93−45=48, 93−48=45 ❺ 29+38=67, 38+29=67, 67−29=38, 67−38=29 ❻ 49+28=77, 28+49=77, 77−49=28, 77−28=49
❼ 35+36=71, 36+35=71, 71−35=36, 71−36=35 ❽ 52+28=80, 28+52=80, 80−52=28, 80−28=52

8주 문해결 연산

15~16쪽

❶ 2, 4, 8 ❷ 2, 6, 8 ❸ 7, 5, 3 ❹ 8, 1, 4 ❺ 2, 8, 3 ❻ 4, 9, 5
❼ 8, 1, 5 ❽ 5, 3, 8 ❾ 7, 6, 9 ❿ 4, 3, 2 ⓫ 3, 8, 1 ⓬ 4, 7, 2
⓭ 8, 2, 9 ⓮ 4, 5, 6 ⓯ 8, 7, 3 ⓰ 9, 8, 7 ⓱ 1, 3, 6 ⓲ 4, 1, 7
⓳ 3, 5, 1 ⓴ 2, 3, 8

사고셈

초등2 2호

이 책의 **구성과 특징**

생각의 힘을 키우는 사고(思考)셈은 1주 4개, 8주 32개의 사고력 유형 학습을 통해 수와 연산에 대한 개념의 응용력(추론 및 문제해결능력)을 키울 수 있도록 하였습니다.

사고력 연산

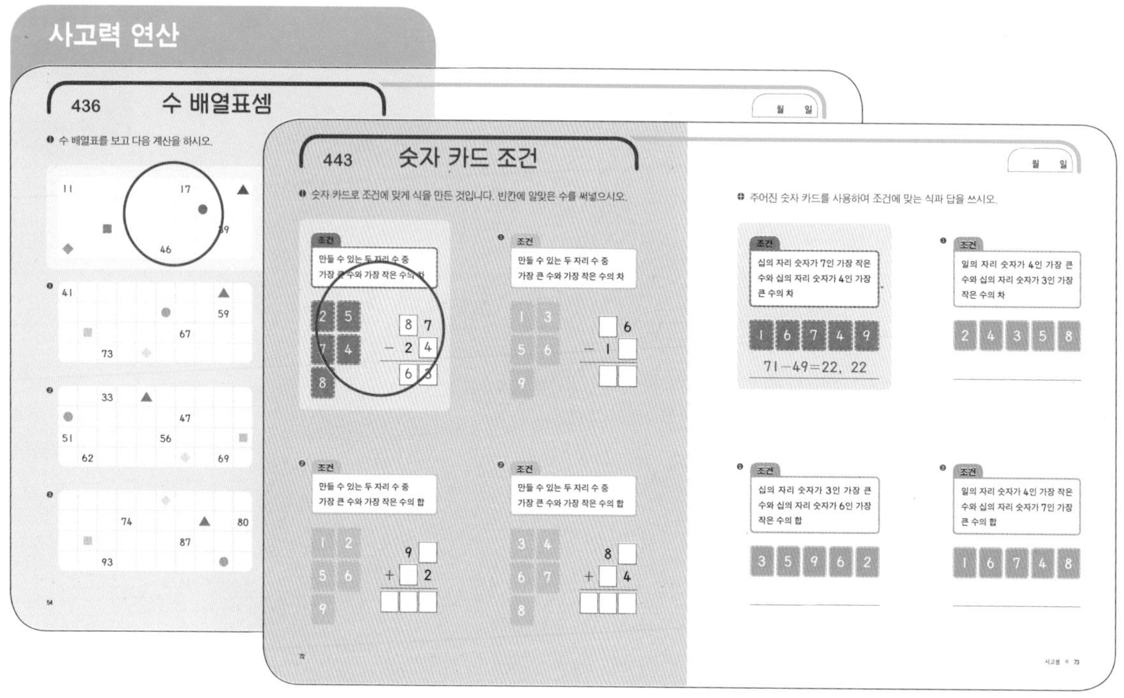

436 수 배열표셈

❶ 수 배열표를 보고 다음 계산을 하시오.

443 숫자 카드 조건

❶ 숫자 카드로 조건에 맞게 식을 만든 것입니다. 빈칸에 알맞은 수를 써넣으시오.

조건
만들 수 있는 두 자리 수 중 가장 큰 수와 가장 작은 수의 차

$87 - 24 = 63$

조건
만들 수 있는 두 자리 수 중 가장 큰 수와 가장 작은 수의 합

❶ 주어진 숫자 카드를 사용하여 조건에 맞는 식과 답을 쓰시오.

조건
십의 자리 숫자가 7인 가장 작은 수와 십의 자리 숫자가 4인 가장 큰 수의 차

71−49=22, 22

조건
일의 자리 숫자가 4인 가장 큰 수와 십의 자리 숫자가 3인 가장 작은 수의 차

조건
십의 자리 숫자가 3인 가장 큰 수와 십의 자리 숫자가 6인 가장 작은 수의 합

조건
일의 자리 숫자가 4인 가장 작은 수와 십의 자리 숫자가 7인 가장 큰 수의 합

- 대표 사고력 유형으로 연산 원리를 쉽게쉽게
- 1~4일차: 다양한 유형의 주 진도 학습

잘 공부했는지 알아봅시다.

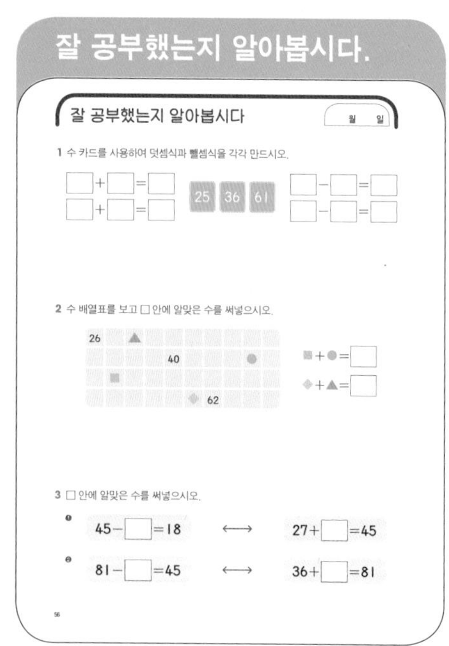

잘 공부했는지 알아봅시다

1 수 카드를 사용하여 덧셈식과 뺄셈식을 각각 만드시오.

25 36 61

2 수 배열표를 보고 □ 안에 알맞은 수를 써넣으시오.

3 □ 안에 알맞은 수를 써넣으시오.

❶ 45−□=18 ⟷ 27+□=45

❷ 81−□=45 ⟷ 36+□=81

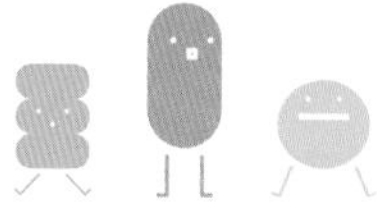

- 5일차 점검 학습: 주 진도 학습 확인

권두부록 (기본연산 Check-Book)

기본연산 Check-Book

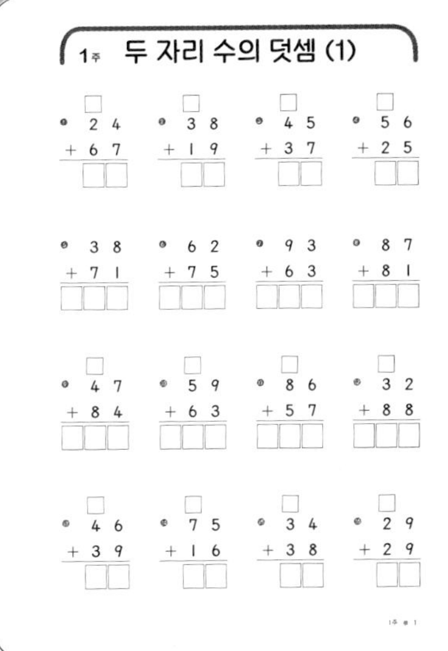
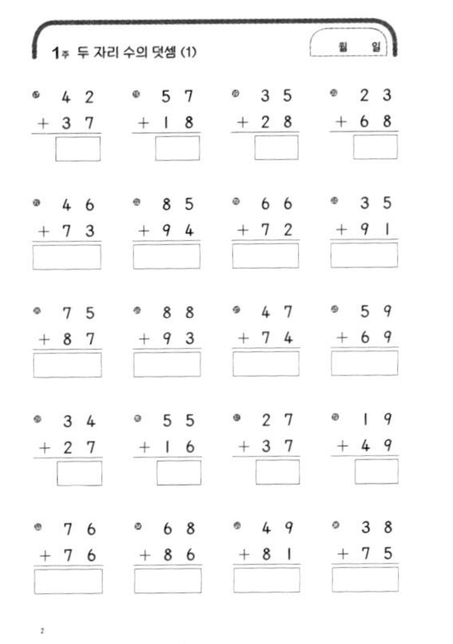

- 본 학습 전 기본연산 실력 진단

권말부록 (G-Book)

Guide Book(정답 및 해설)

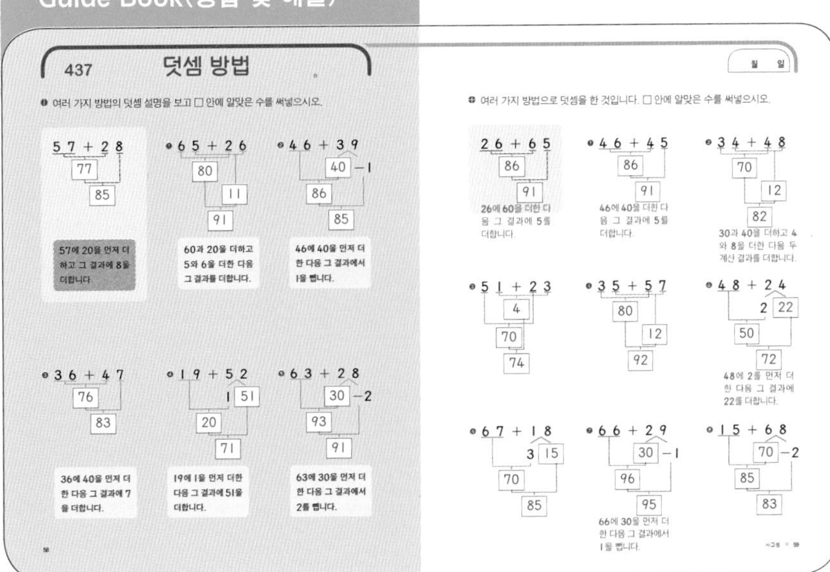

- 문제와 답을 한 눈에!
- 상세한 풀이와 친절한 해설, 답

학습 효과 및 활용법

학습 효과

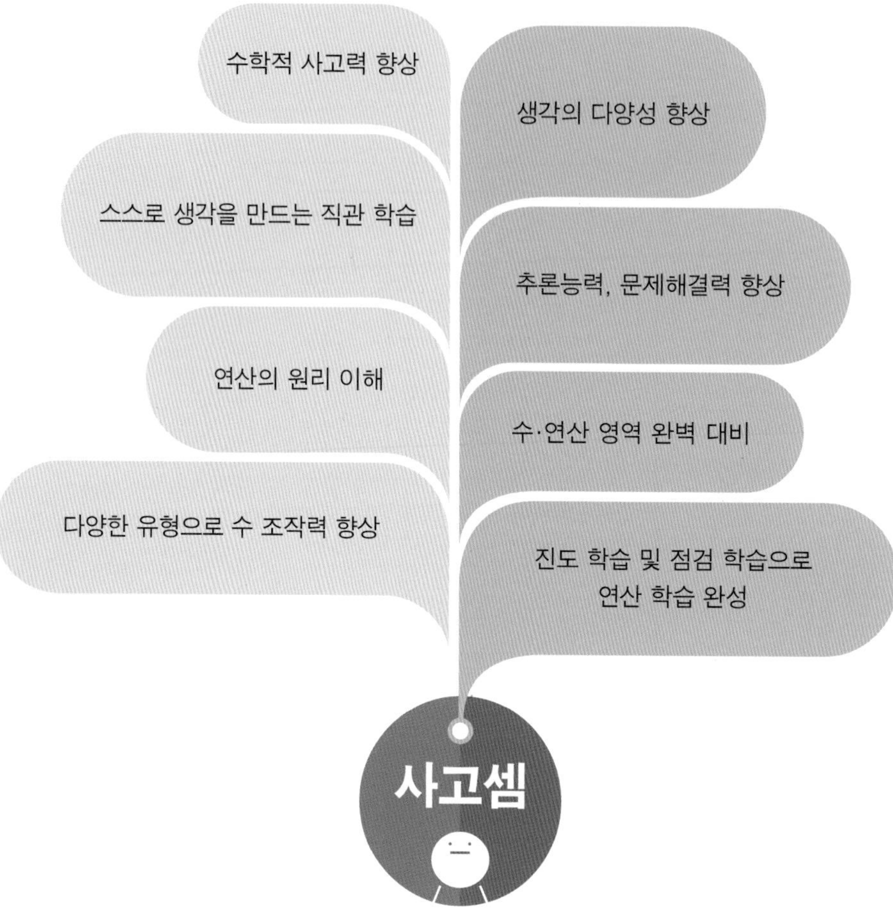

주차별 활용법

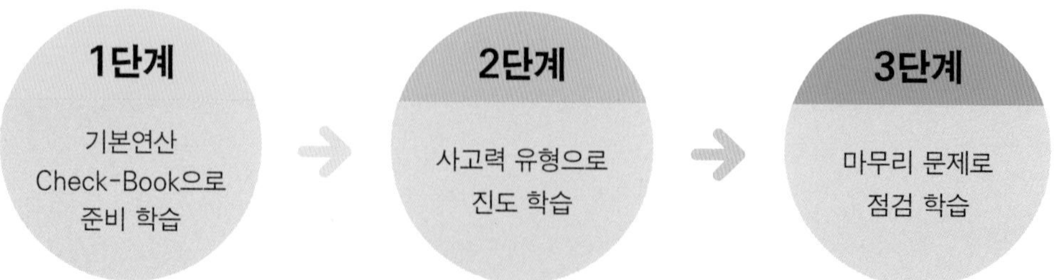

1단계 : 기본연산 Check-Book으로 사고력 연산을 위한 준비 학습을 합니다.

2단계 : 사고력 유형으로 사고력 연산의 진도 학습을 합니다.

3단계 : 한 주마다 점검 학습(잘 공부했는지 알아봅시다)으로 사고력 향상을 확인합니다.

학습 구성

6세

1호	10까지의 수
2호	더하기 빼기 1과 2
3호	합이 9까지인 덧셈
4호	한 자리 수의 뺄셈과 세 수의 계산

7세

1호	한 자리 수의 덧셈과 뺄셈
2호	10 만들기
3호	50까지의 수
4호	더하기 빼기 1과 2, 10과 20

초등 1

1호	덧셈구구
2호	뺄셈구구와 덧셈, 뺄셈 혼합
3호	100까지의 수, 1000까지의 수
4호	받아올림, 받아내림 없는 두 자리 수의 계산

초등 2

1호	두 자리 수와 한 자리 수의 덧셈과 뺄셈
2호	두 자리 수의 덧셈과 뺄셈
3호	곱셈구구
4호	곱셈과 나눗셈 구구

초등 3

1호	세·네 자리 수의 덧셈과 뺄셈
2호	분수와 소수의 기초
3호	두 자리 수의 곱셈과 나눗셈
4호	분수

초등 4

1호	분수의 덧셈과 뺄셈
2호	혼합 계산
3호	소수의 덧셈과 뺄셈
4호	어림하기

이 책의 **학습 로드맵**

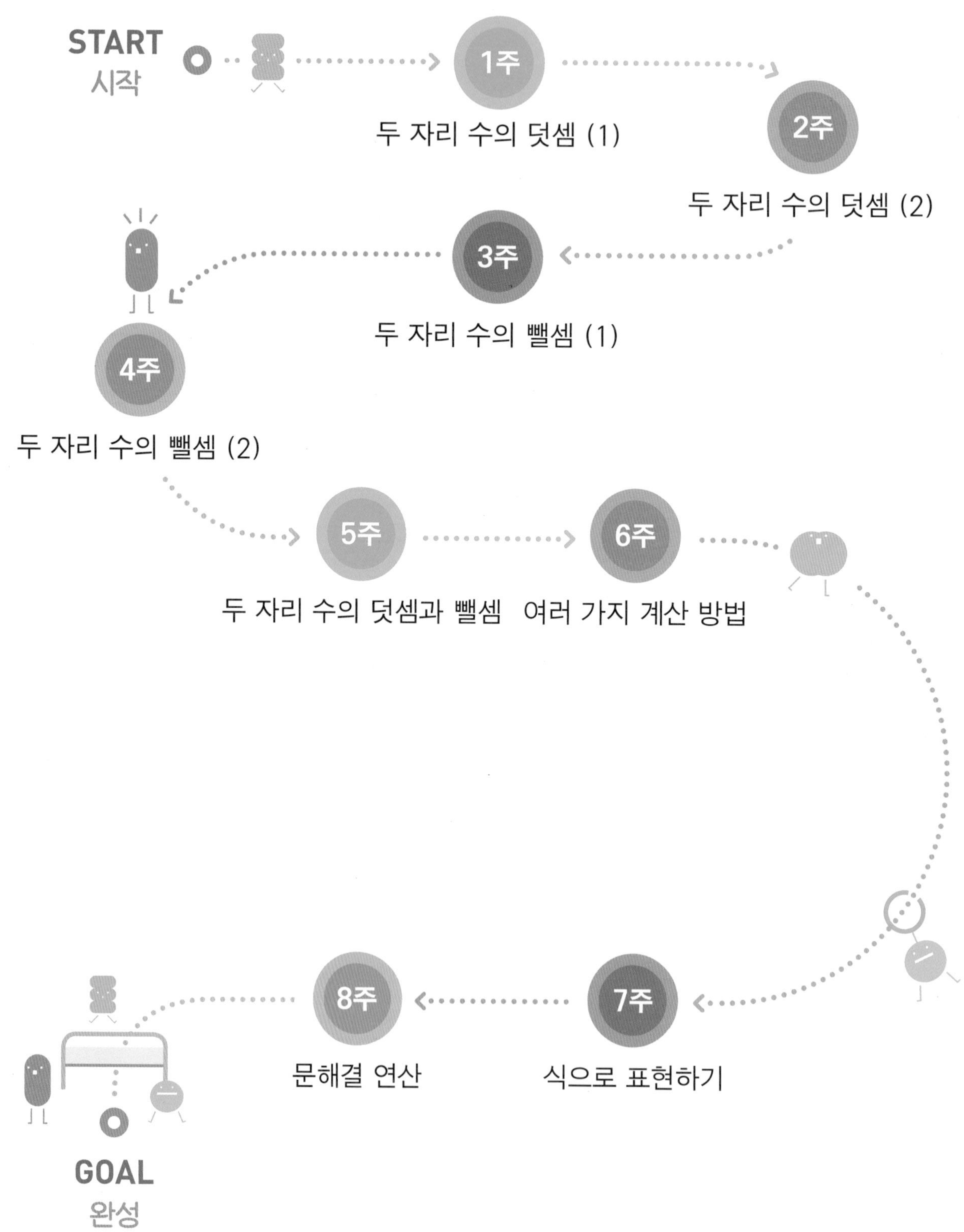

START
시작
1주
두 자리 수의 덧셈 (1)
2주
두 자리 수의 덧셈 (2)
3주
두 자리 수의 뺄셈 (1)
4주
두 자리 수의 뺄셈 (2)
5주
두 자리 수의 덧셈과 뺄셈
6주
여러 가지 계산 방법
7주
식으로 표현하기
8주
문해결 연산
GOAL
완성

1 두 자리 수의 덧셈 (1)

417 세로 덧셈

◐ □ 안에 알맞은 수를 써넣으시오.

(예시)

	1	
	3	6
+	1	7
	5	3

❶

	□	
	4	8
+	3	7
	□	□

❷

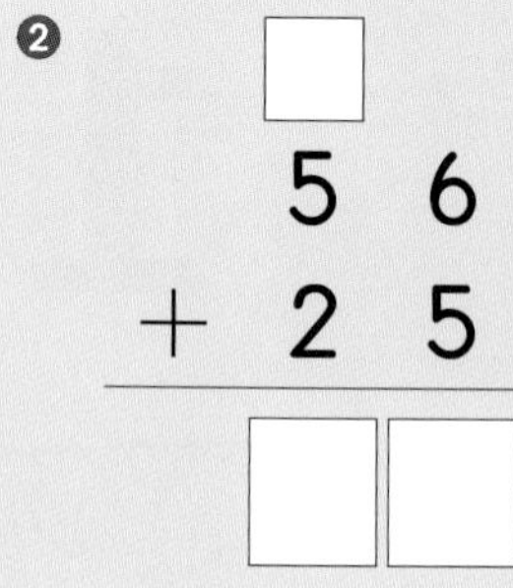

(예시)

	7	3
+	8	2
1	5	5

❸

	6	7
+	5	1
□	□	□

❹

	3	5
+	9	2
□	□	□

(예시)

	1	
	4	5
+	7	8
1	2	3

❺

	□	
	5	5
+	8	9
□	□	□

❻

	□	
	6	8
+	5	3
□	□	□

❼

	□	
	3	4
+	3	8
	□	□

❽

	2	7
+	9	1
□	□	□

❾

	□	
	4	5
+	7	8
□	□	□

◆ 세로셈으로 고쳐 계산하시오.

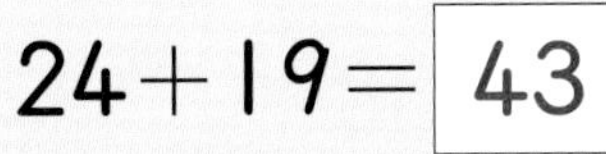

24+19=43

	2	4
+	1	9
	4	3

❶ 37+82=

❷ 76+87=

❸ 37+56=

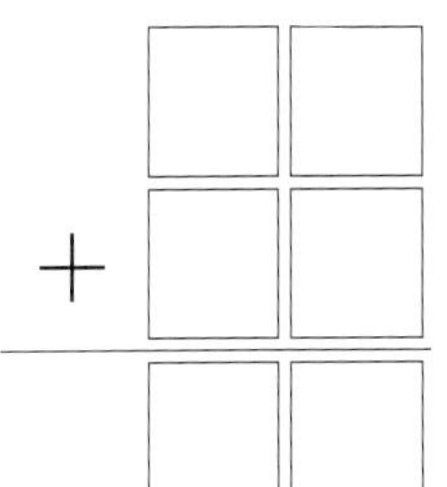

❹ 82+64=

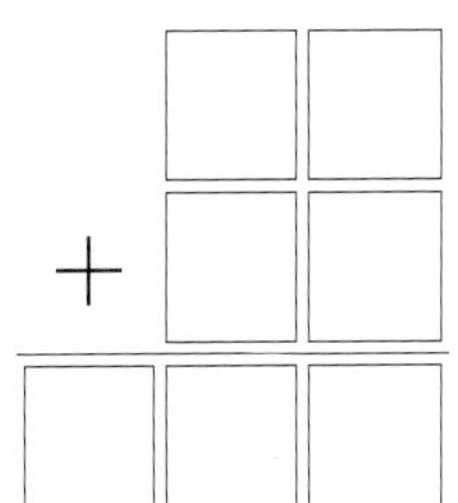

❺ 92+68=

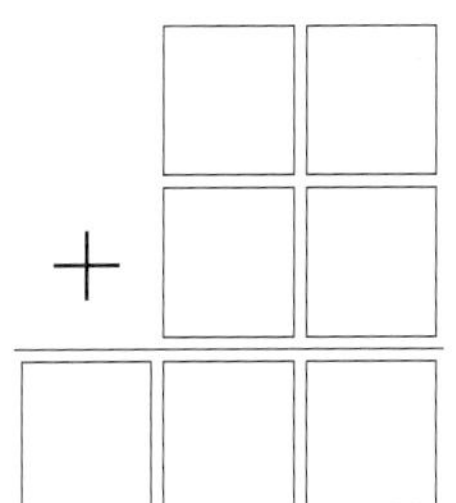

❻ 37+24=

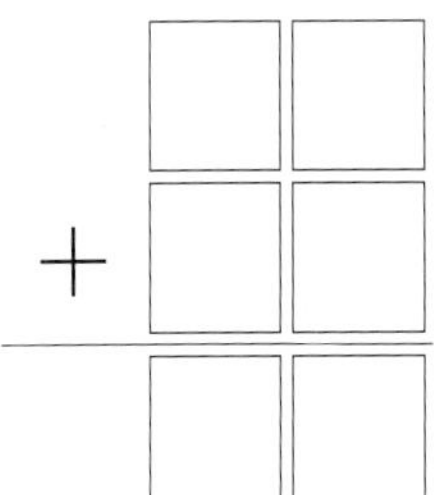

❼ 84+92=

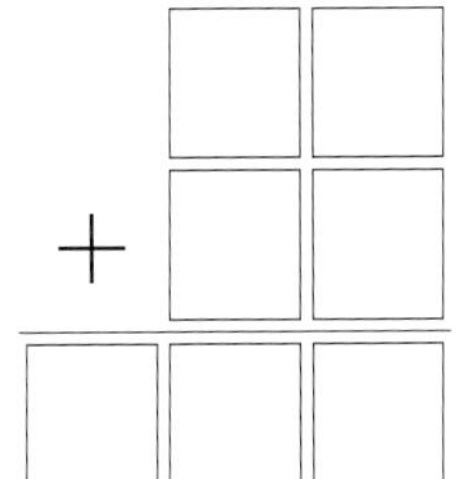

❽ 54+69=

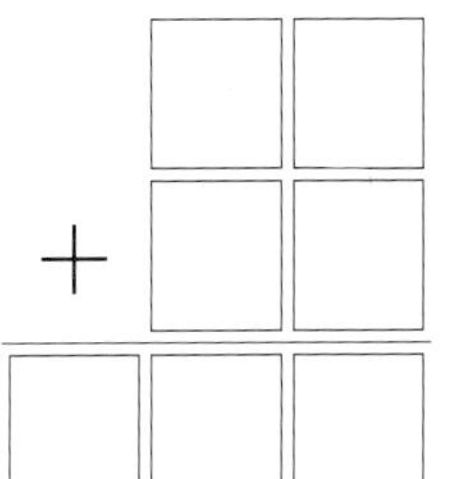

418 갈림길

◐ 계산에 맞게 선을 그으시오.

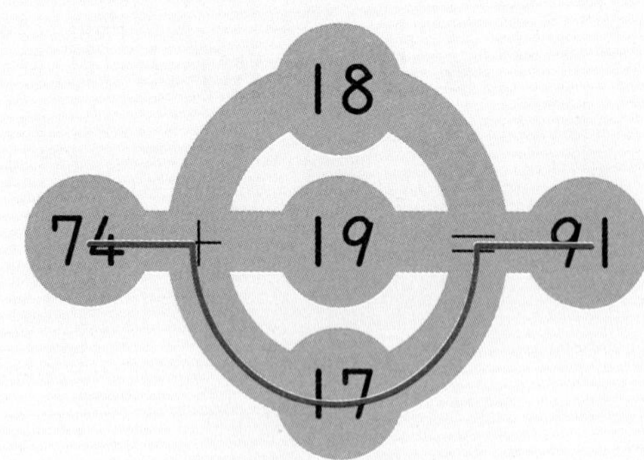

❶

38
42 + 35 = 80
32

❷

26
65 + 19 = 84
21

❸

30
59 + 33 = 93
34

❹

57
16 + 55 = 73
59

❺

47
37 + 44 = 81
48

❻

13
78 + 15 = 90
12

❼

64
18 + 66 = 82
69

월 일

계산에 맞게 빈칸에 알맞은 수를 써넣으시오.

65 + 10 = 75
65 + 31 = 96
65 + 29 = 94

❶
15 + 30 =
15 + 23 =
15 + 37 =

❷
23 + 54 =
23 + 57 =
23 + 59 =

❸
46 + 12 =
46 + 24 =
46 + 37 =

❹
57 + 22 =
57 + 34 =
57 + 16 =

❺
62 + 18 =
62 + 24 =
62 + 29 =

419 과녁셈

◐ 화살이 꽂힌 부분의 수의 합을 가운데 ○에 써넣으시오.

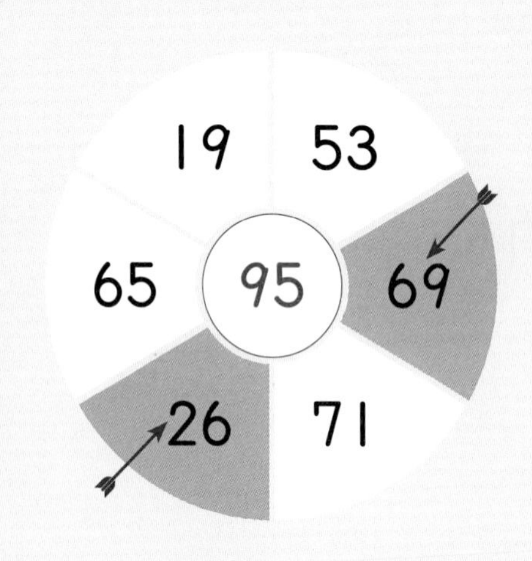

❶

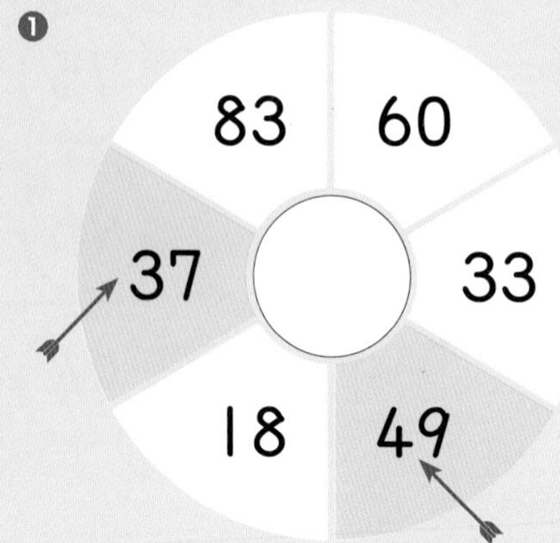

❷

45 74

58 12

37 46

❸

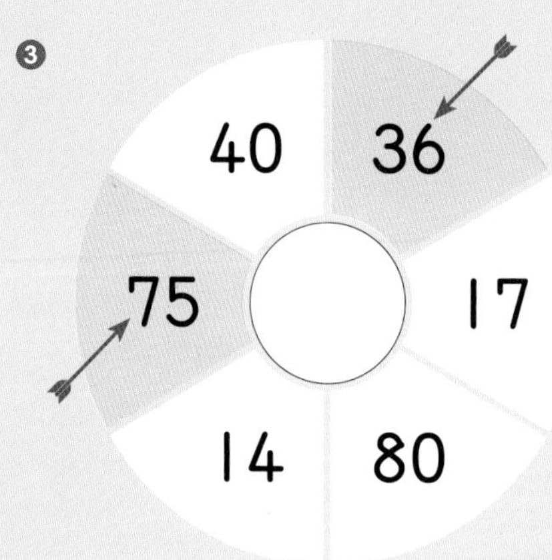

❹

67 16

87 93

63 12

❺

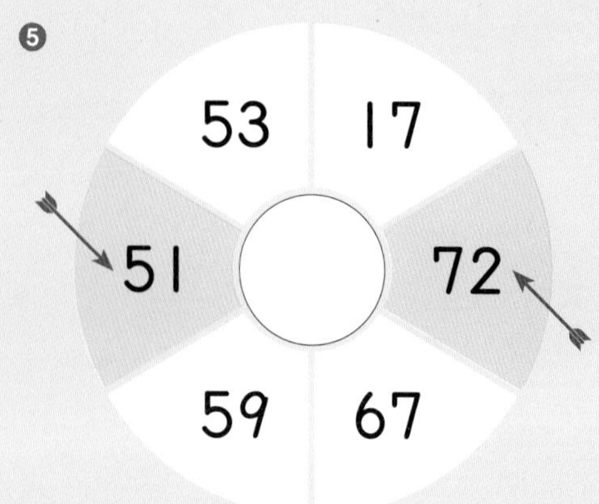

월 일

수의 합이 가운데 수가 되도록 두 수를 골라 ○표 하시오.

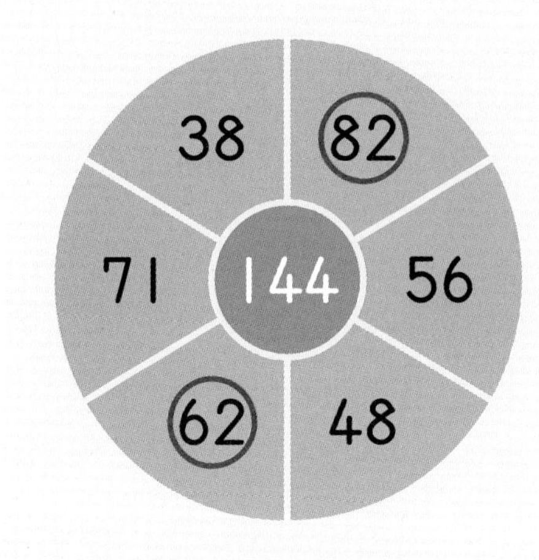

❶

15 20
40 61 34
45 27

❷

91 65
41 131 25
40 50

❸

37 17
39 97 45
60 42

❹

24 20
68 105 37
76 59

❺

58 60
85 135 77
35 41

420 풍선 잇기

◐ 합이 ⬭ 안의 수가 되는 두 수를 찾아 선으로 이으시오.

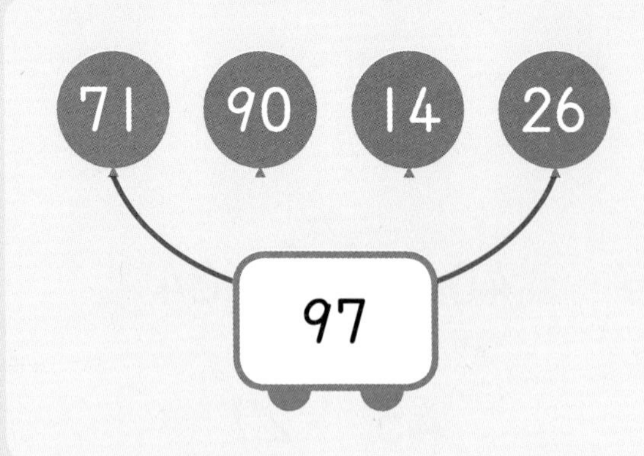

❶

❷

❸

❹

❺

❻

❼

◆ 합이 ( ) 안의 수가 되는 두 수를 찾아 선으로 이으시오.

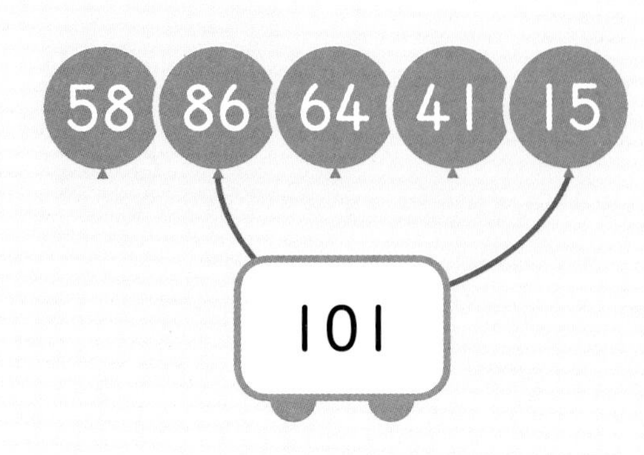

❶ 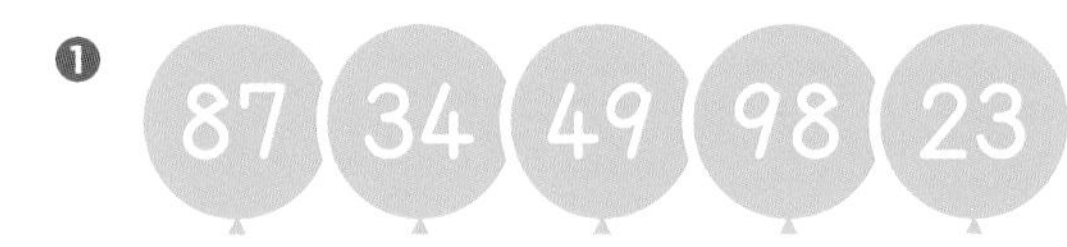

72

❷ 

50

❸ 33 59 17 75 20

134

❹ 

155

❺ 44 13 28 52 63

107

❻ 28 25 63 48 55

83

❼ 63 73 99 24 51

124

잘 공부했는지 알아봅시다

월 일

1 오른쪽 계산에서 □ 안의 숫자 1이 실제로 나타내는 수는 얼마입니까?

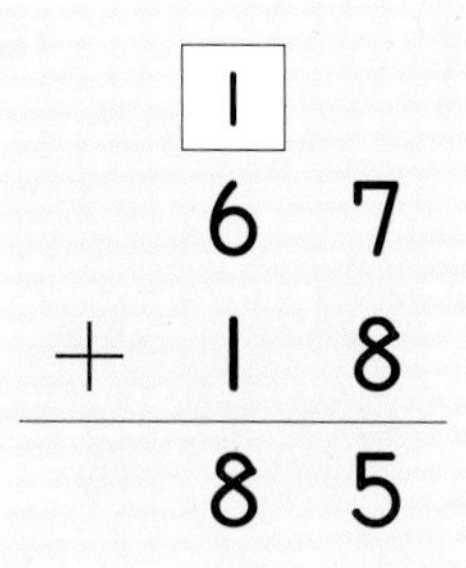

$$\begin{array}{r} \boxed{1} \\ 67 \\ +\ 18 \\ \hline 85 \end{array}$$

2 □ 안에 알맞은 숫자를 써넣으시오.

❶

$$\begin{array}{r} \square\,6 \\ +\ 4\,\square \\ \hline 8\,2 \end{array}$$

❷

$$\begin{array}{r} 2\,7 \\ +\ 6\,\square \\ \hline \square\,1 \end{array}$$

3 계산 결과가 큰 것부터 차례로 기호를 써 보시오.

㉠ 36+49 ㉡ 54+29 ㉢ 18+79

4 수 카드에서 합이 **62**가 되는 두 수를 찾아 ◯표 하시오.

73 34 19 47 28 59

두 자리 수의 덧셈 (2)

421 체인지셈

◐ 색칠된 두 숫자를 바꾸어 계산하시오.

$$\begin{array}{r} 62 \\ +\ 17 \\ \hline 79 \end{array} \rightarrow \begin{array}{r} 72 \\ +\ 16 \\ \hline 88 \end{array}$$

❶
$$\begin{array}{r} 97 \\ +\ 21 \\ \hline 118 \end{array} \rightarrow$$

❷
$$\begin{array}{r} 65 \\ +\ 28 \\ \hline 93 \end{array} \rightarrow$$

❸
$$\begin{array}{r} 88 \\ +\ 32 \\ \hline 120 \end{array} \rightarrow$$

❹
$$\begin{array}{r} 39 \\ +\ 54 \\ \hline 93 \end{array} \rightarrow$$

❺
$$\begin{array}{r} 24 \\ +\ 76 \\ \hline 100 \end{array} \rightarrow$$

❻
$$\begin{array}{r} 43 \\ +\ 92 \\ \hline 135 \end{array} \rightarrow$$

❼
$$\begin{array}{r} 67 \\ +\ 19 \\ \hline 86 \end{array} \rightarrow$$

월 일

다음 식은 숫자 두 개가 바뀐 것입니다. 바뀐 숫자에 ○표 하고 바르게 고치시오.

$$\begin{array}{r} 36 \\ +\,⑤② \\ \hline 61 \end{array} \rightarrow \begin{array}{r} 36 \\ +\,25 \\ \hline 61 \end{array}$$

❶
$$\begin{array}{r} 43 \\ +\,57 \\ \hline 91 \end{array} \rightarrow$$

❷
$$\begin{array}{r} 24 \\ +\,71 \\ \hline 86 \end{array} \rightarrow$$

❸
$$\begin{array}{r} 19 \\ +\,85 \\ \hline 77 \end{array} \rightarrow$$

❹
$$\begin{array}{r} 63 \\ +\,91 \\ \hline 127 \end{array} \rightarrow$$

❺
$$\begin{array}{r} 56 \\ +\,31 \\ \hline 51 \end{array} \rightarrow$$

❻
$$\begin{array}{r} 82 \\ +\,14 \\ \hline 105 \end{array} \rightarrow$$

❼
$$\begin{array}{r} 81 \\ +\,46 \\ \hline 145 \end{array} \rightarrow$$

422 큰 합 작은 합

◐ 선으로 연결된 두 수의 합을 쓰시오.

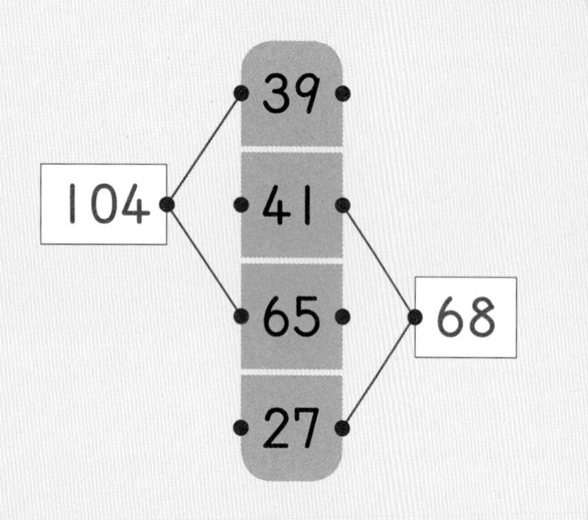

❶

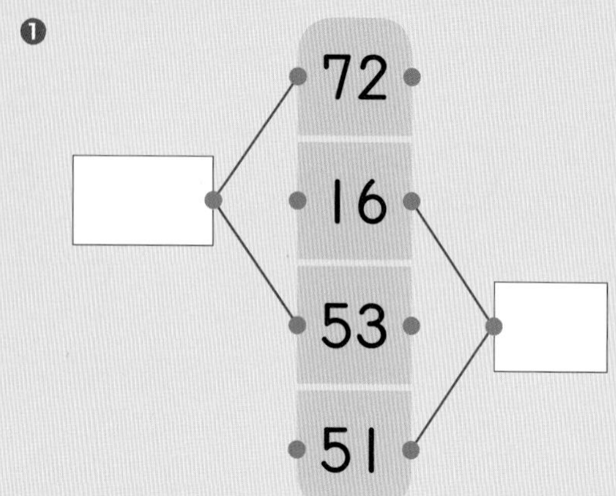

❷

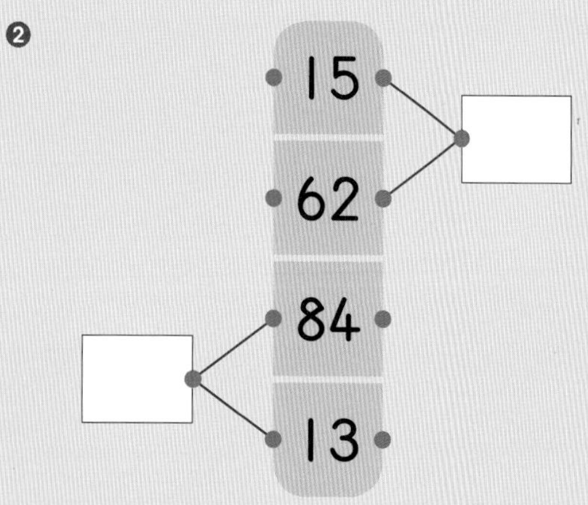

❸

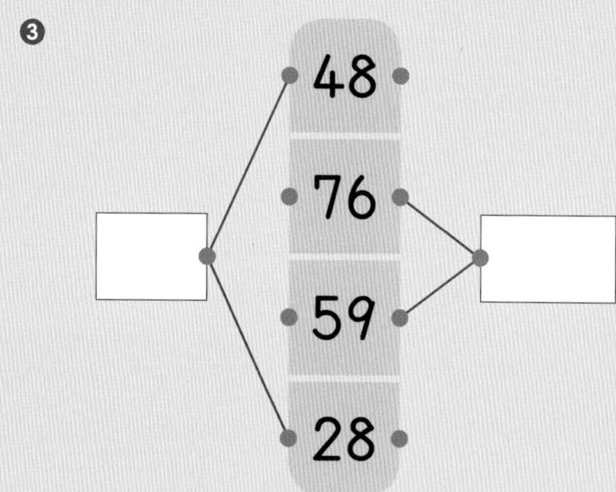

❹

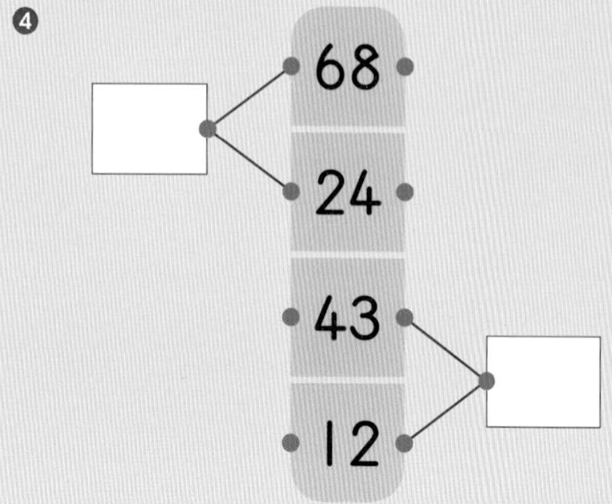

❺

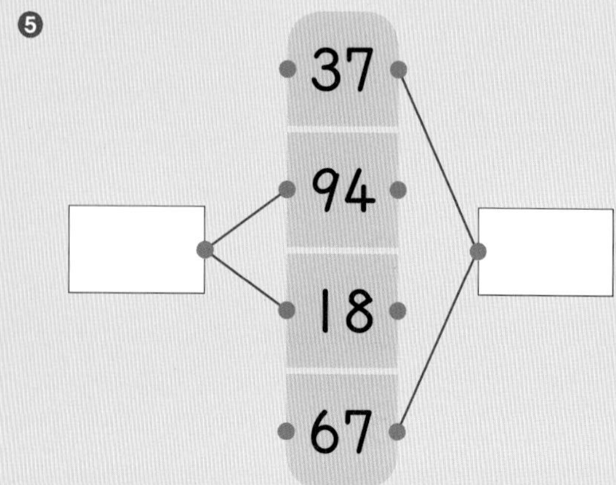

◆ 오른쪽에는 가장 큰 합, 왼쪽에는 가장 작은 합을 쓰고 선으로 연결하시오.

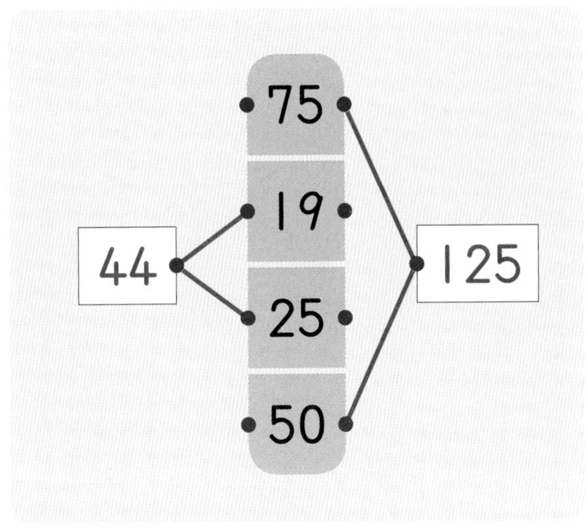

❶
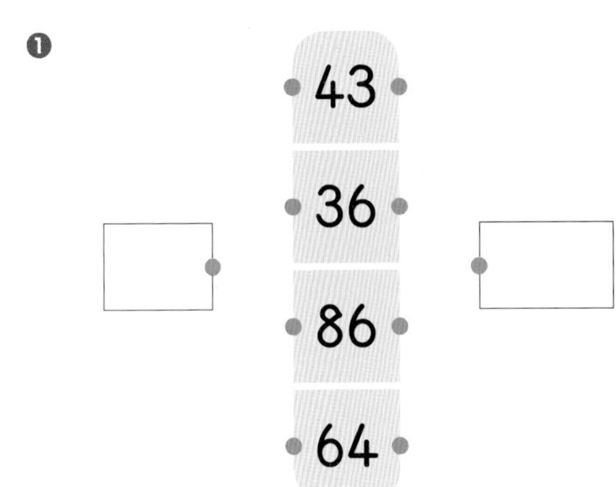

❷
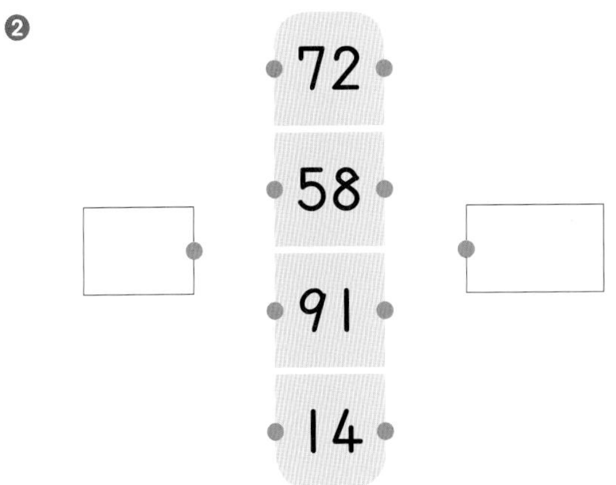

❸
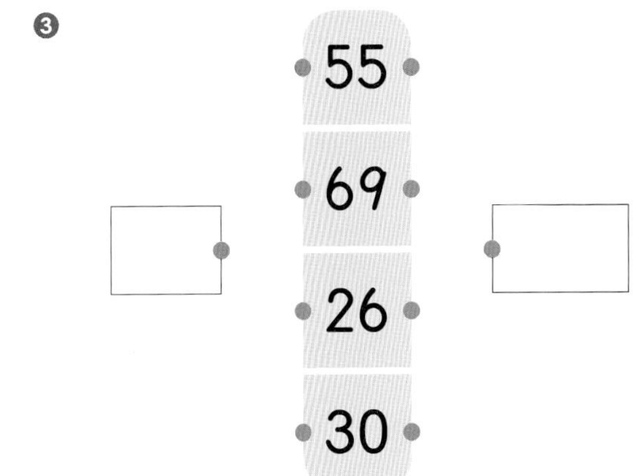

❹
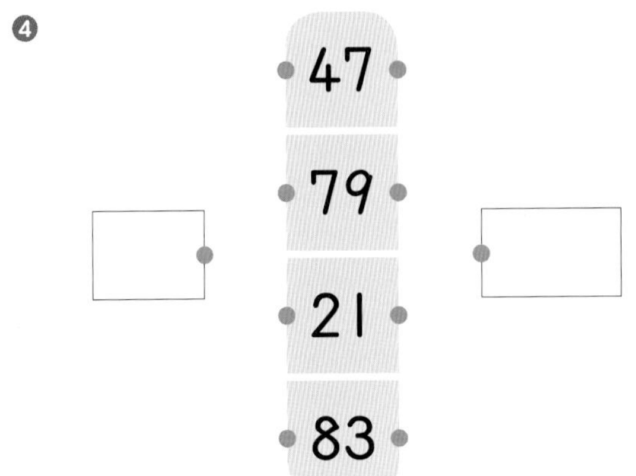

❺
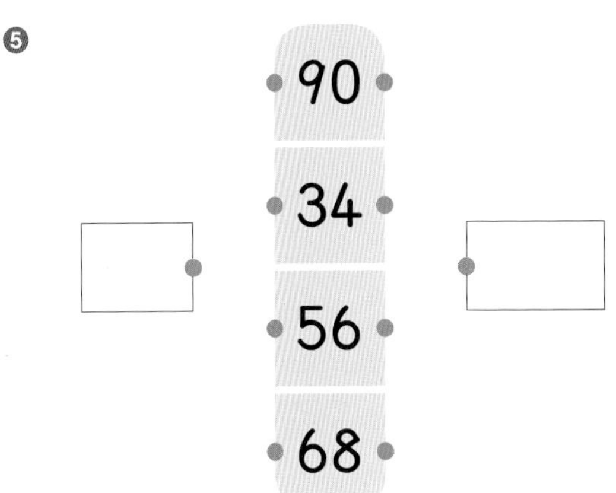

423 숫자 카드 벌레셈

◐ 숫자 카드 중 두 장 또는 세 장을 사용하여 덧셈식을 완성하시오.

3	8
9	1
5	2

$$\begin{array}{r} \boxed{8}\,8 \\ +\ 5\,\boxed{9} \\ \hline \boxed{1}\,4\,7 \end{array}$$

❶

2	8
0	1
5	7

$$\begin{array}{r} 1\,\square \\ +\ \square\,4 \\ \hline 1\,\square\,1 \end{array}$$

❷

3	7
8	6
5	1

$$\begin{array}{r} 3\,\square \\ +\ \square\,7 \\ \hline 9\,8 \end{array}$$

❸

1	5
6	2
9	3

$$\begin{array}{r} \square\,5 \\ +\ 4\,\square \\ \hline \square\,3\,7 \end{array}$$

❹

6	9
4	8
2	7

$$\begin{array}{r} \square\,4 \\ +\ 2\,\square \\ \hline 9\,2 \end{array}$$

❺

5	1
6	4
8	9

$$\begin{array}{r} 7\,\square \\ +\ \square\,3 \\ \hline \square\,3\,2 \end{array}$$

숫자 카드를 한 번씩 모두 사용하여 덧셈식을 완성하시오.

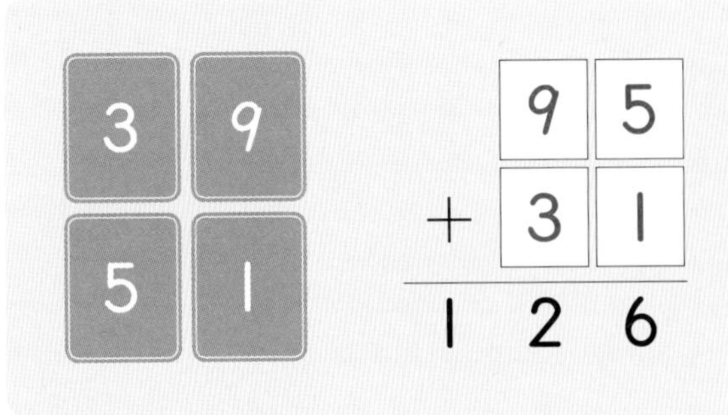

❶ 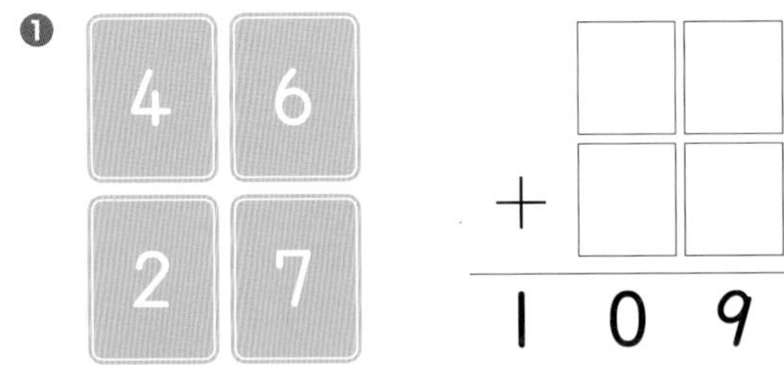

❷ 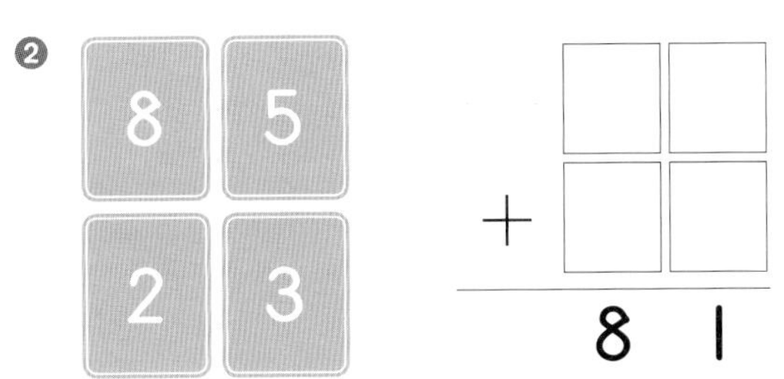

❸ 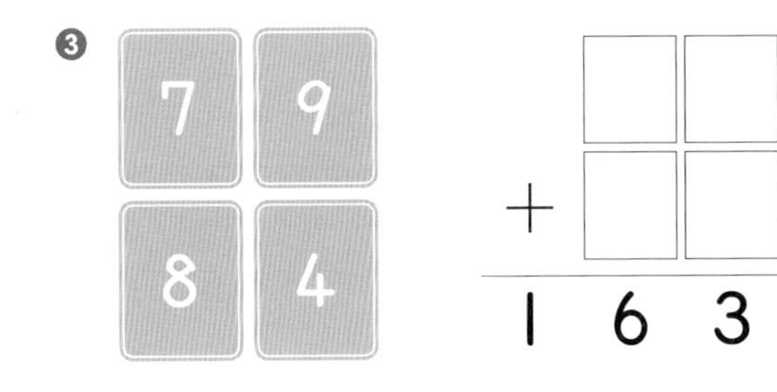

❹ 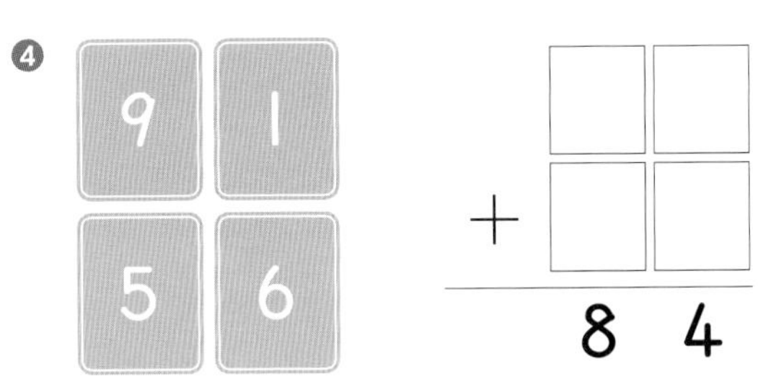

❺ 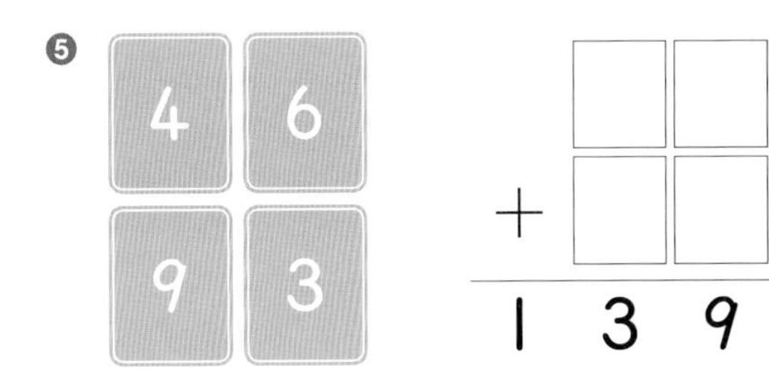

❻ 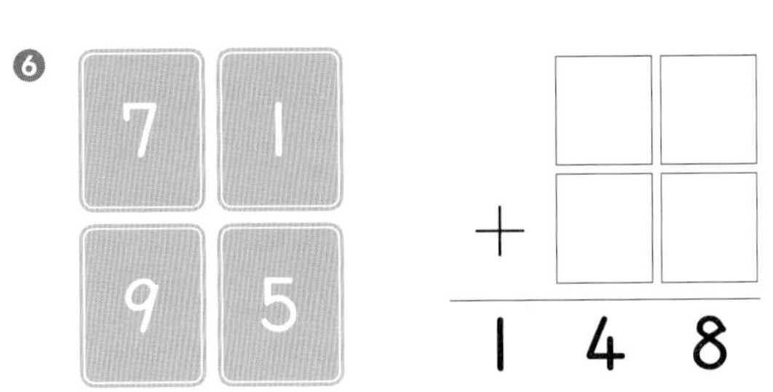

❼ 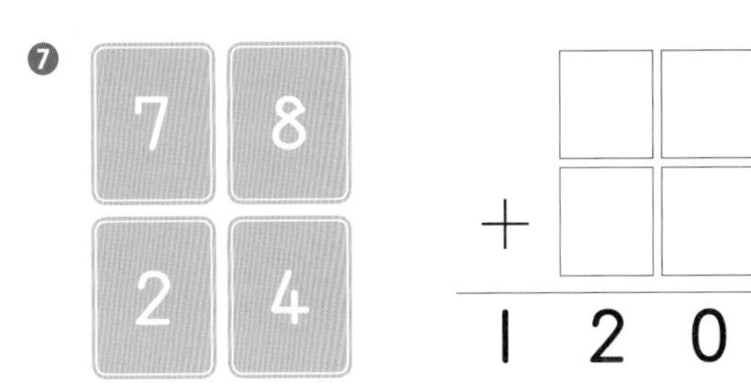

424

막대셈

◐ 빈칸에 알맞은 수를 써넣으시오.

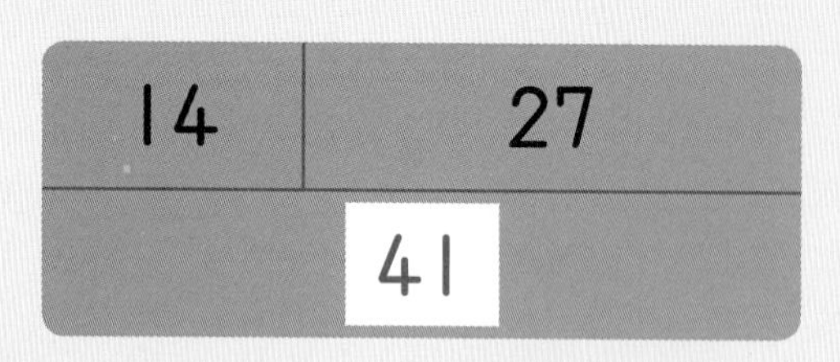

❶

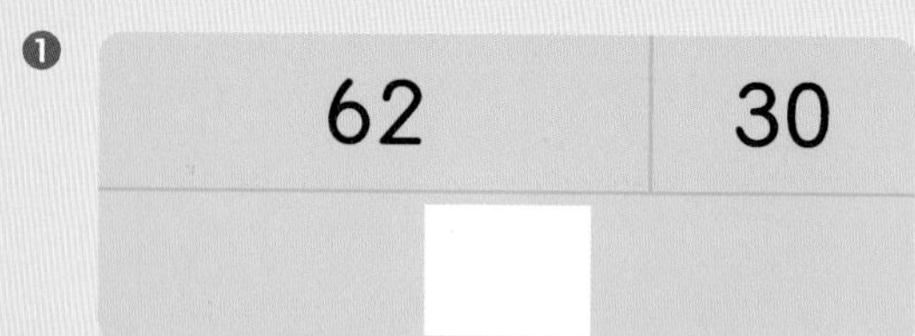

❷

43	58

❸

❹

85	69

❺

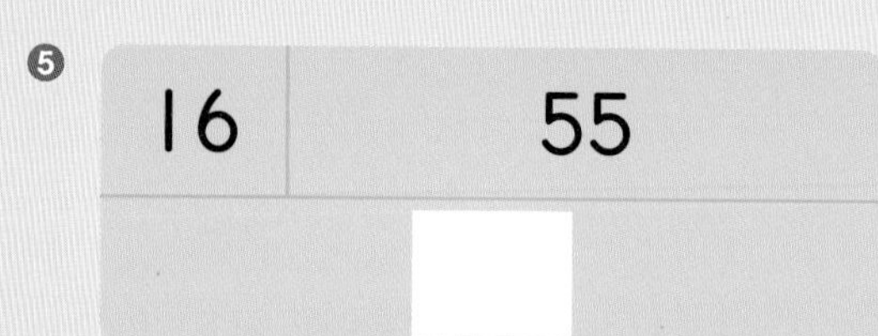

❻

72	38

❼

❽

59	58

❾

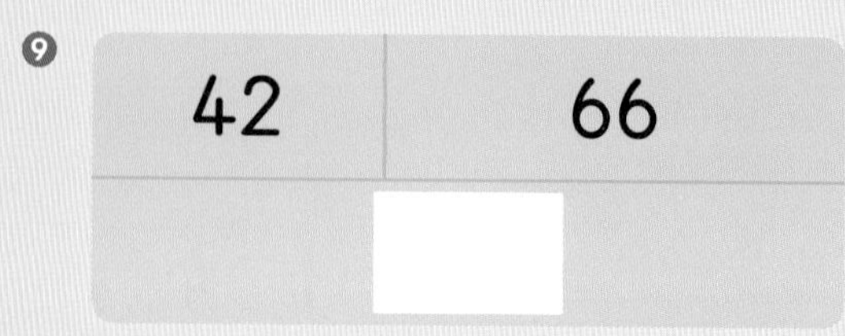

◆ 빈칸에 알맞은 수를 써넣으시오.

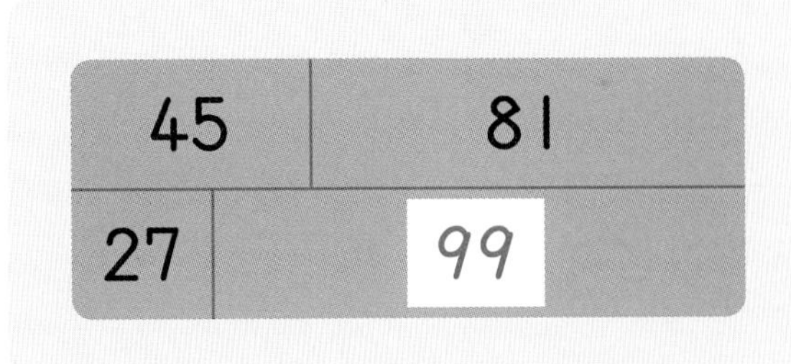

❶

28	95	
	☐	32

❷

❸

❹

34	48
20	☐

❺

83	26
☐	35

❻

59	75
☐	31

❼

17	97
52	☐

❽

37	46
20	☐

❾

83	72
☐	42

잘 공부했는지 알아봅시다

1 숫자 카드 중 세 장을 사용하여 덧셈식을 완성하시오.

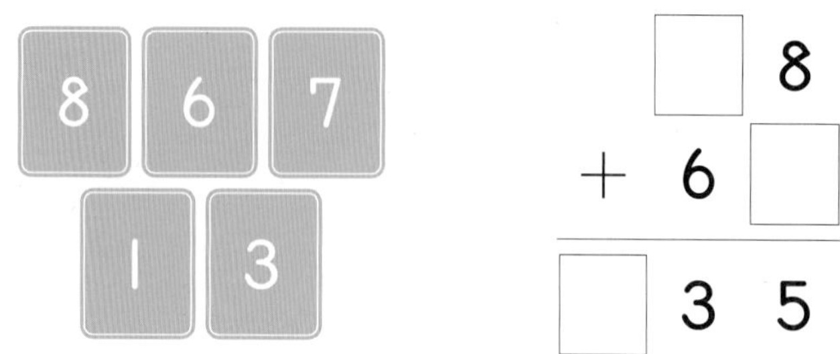

2 다음 수 중 두 수를 골라 덧셈을 합니다. 합이 가장 클 때의 값과 가장 작을 때의 값을 각각 구하시오.

3 진수와 명희는 수 카드를 두 장씩 가지고 있습니다. 진수가 가진 카드에 있는 두 수의 합은 명희가 가진 카드에 있는 두 수의 합과 같습니다. 명희가 가진 뒤집어진 카드에 적힌 수는 얼마인지 구하시오.

4 정수는 숫자 카드로 덧셈식을 만들었는데 동생이 카드 두 장을 바꾸어 놓았습니다. 바뀐 카드에 ◯표 하고 바르게 고치시오.

두 자리 수의 뺄셈 (1)

425 세로 뺄셈

◐ □ 안에 알맞은 수를 써넣으시오.

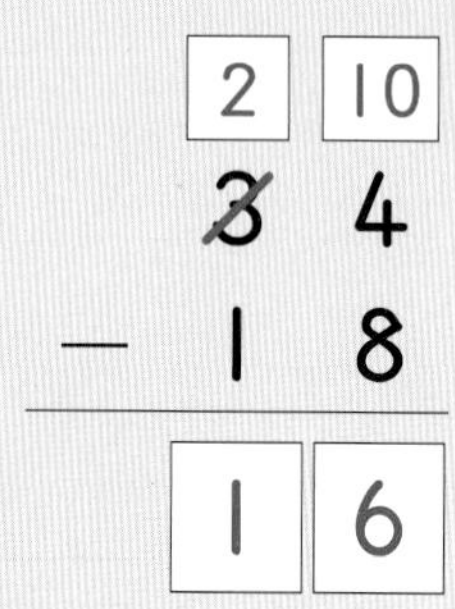

❶
8 2
− 6 5

❷
4 5
− 2 9

❸
9 6
− 4 7

❹
6 3
− 3 6

❺
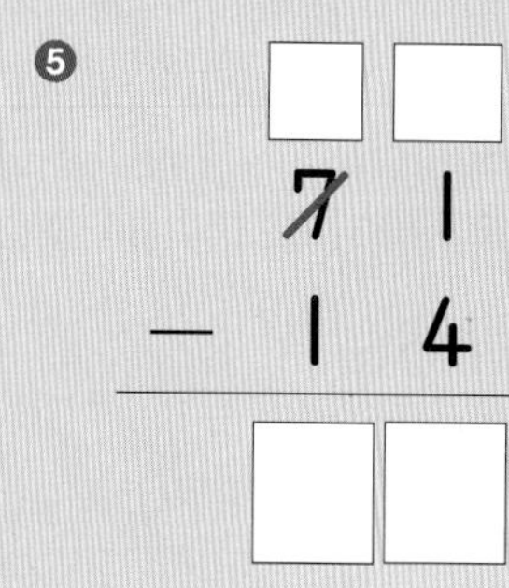
7 1
− 1 4

❻
8 7
− 5 9

❼
3 0
− 1 3

❽
9 2
− 6 8

❾
6 2
− 1 7

❿
4 1
− 2 7

⓫
8 6
− 3 9

◆ 세로셈으로 고쳐 계산하시오.

$42-24=\boxed{18}$

$$\begin{array}{r} 4\ 2 \\ -\ 2\ 4 \\ \hline 1\ 8 \end{array}$$

❶ $81-65=\square$

❷ $95-58=\square$

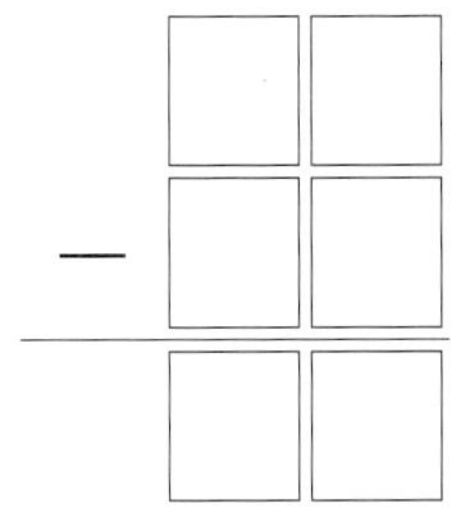

❸ $31-17=\square$

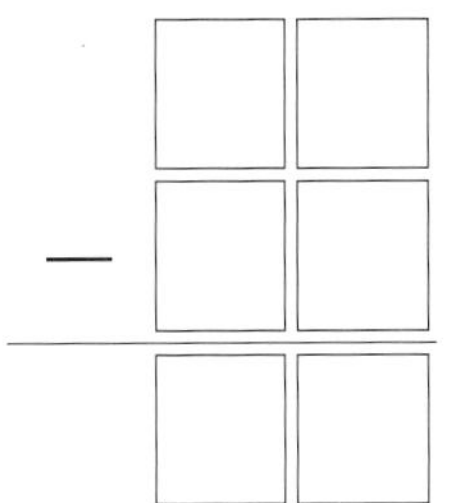

❹ $44-28=\square$

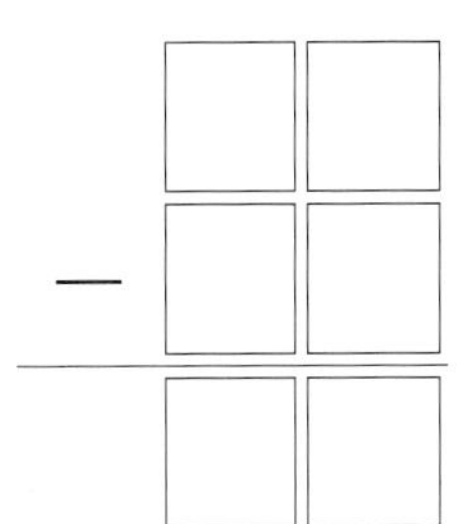

❺ $53-16=\square$

❻ $35-19=\square$

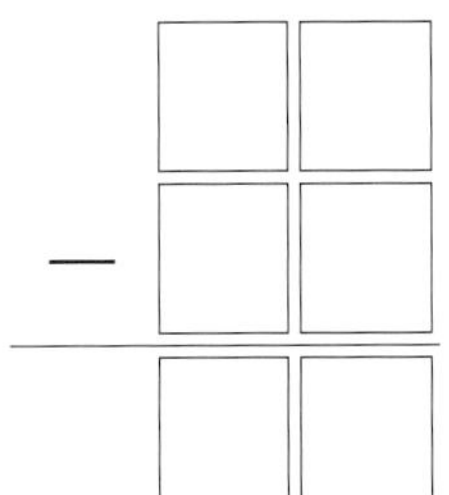

❼ $50-37=\square$

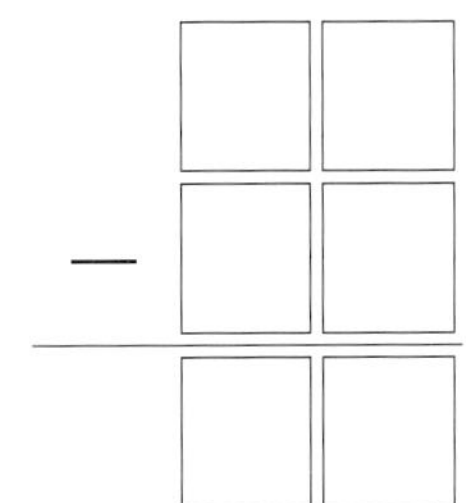

❽ $66-29=\square$

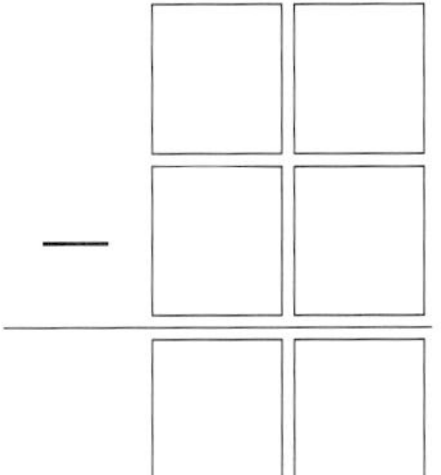

426 계단셈

◐ 빈칸에 알맞은 수를 써넣으시오.

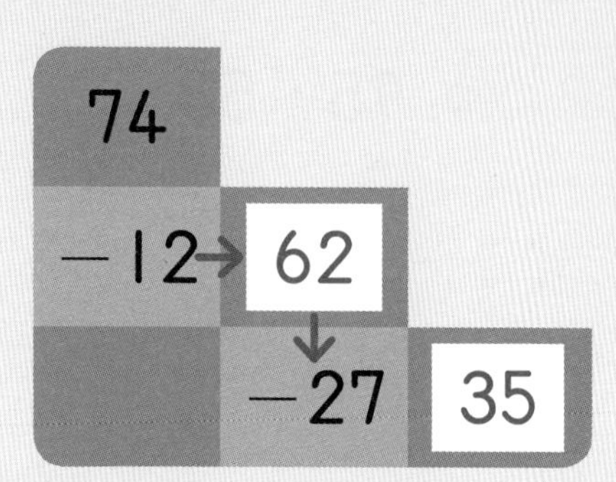

❶ 67
−19
−23

❷
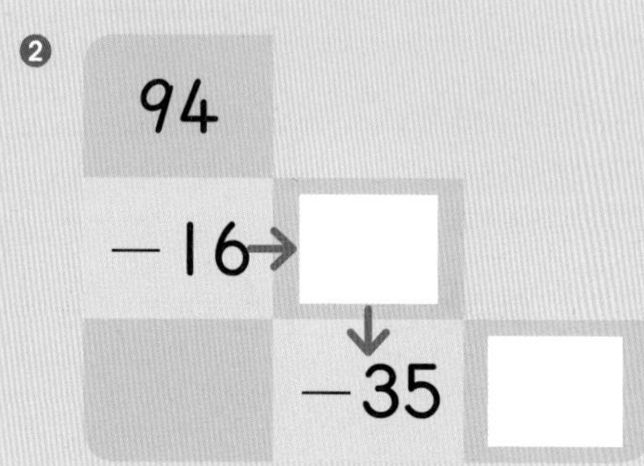

❸ 88
−37
−23

❹
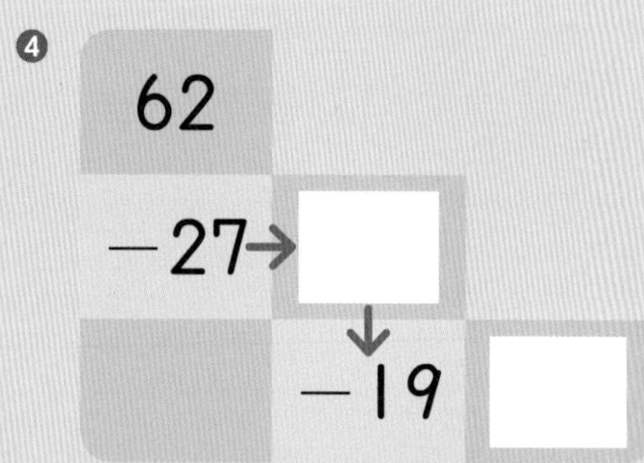

❺
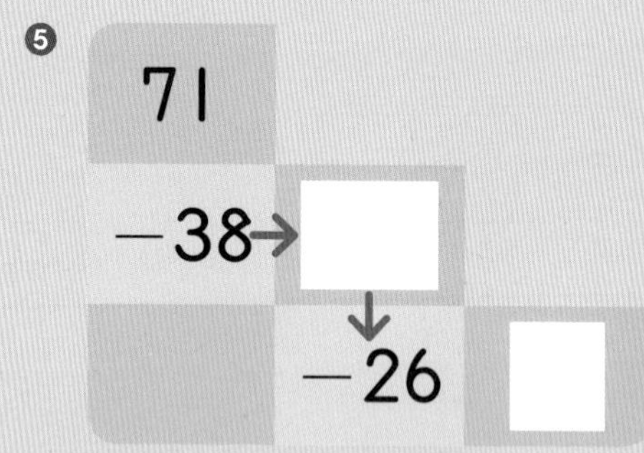

❻ 82
−26
−50

❼
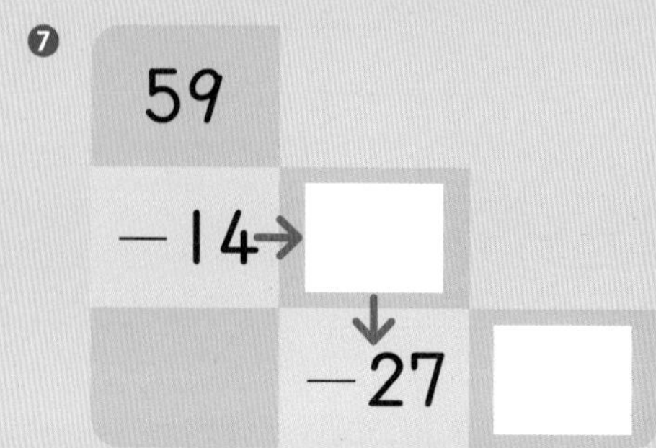

빈칸에 알맞은 수를 써넣으시오.

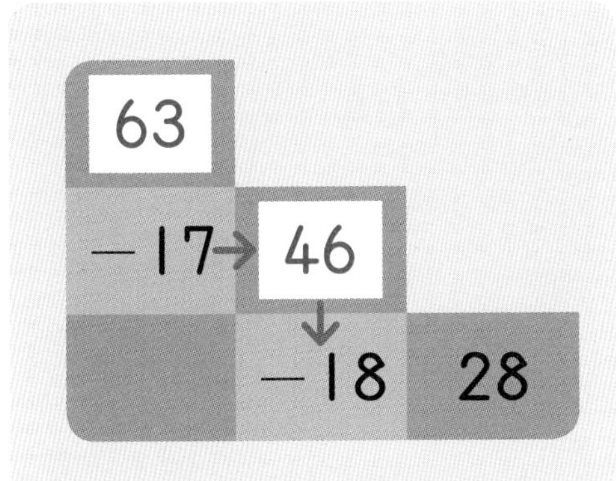

❶
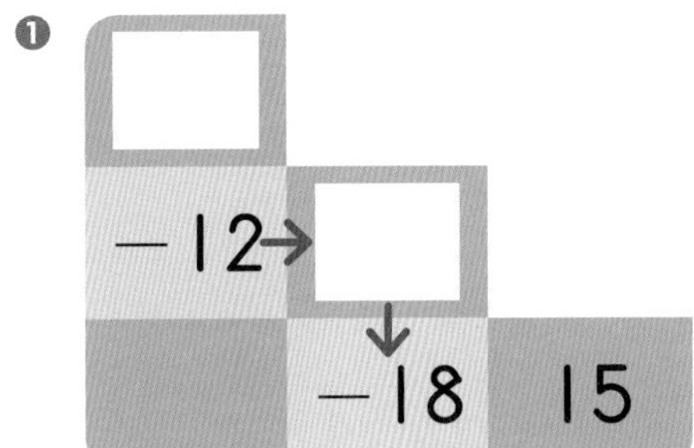

❷
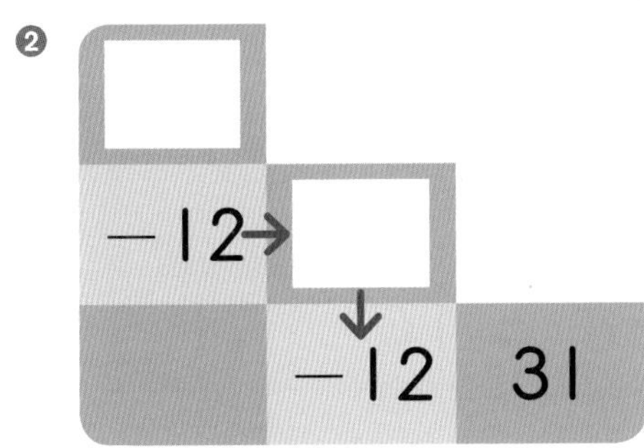

❸
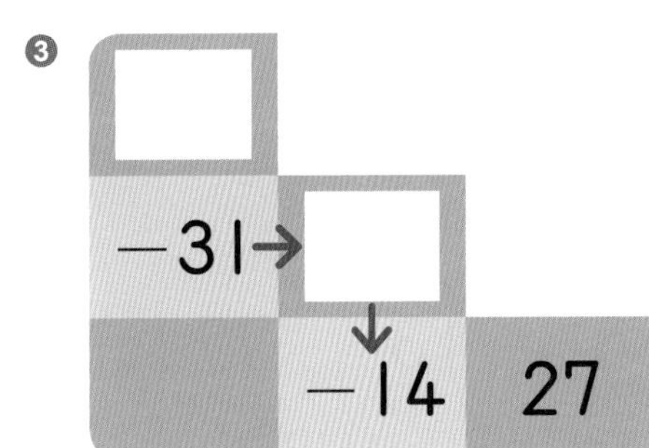

❹
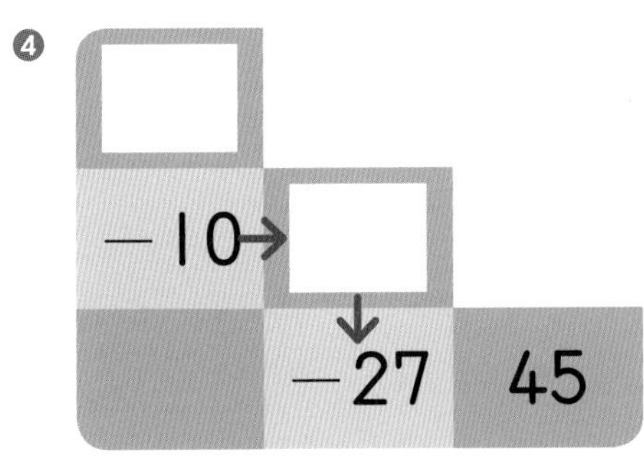

❺
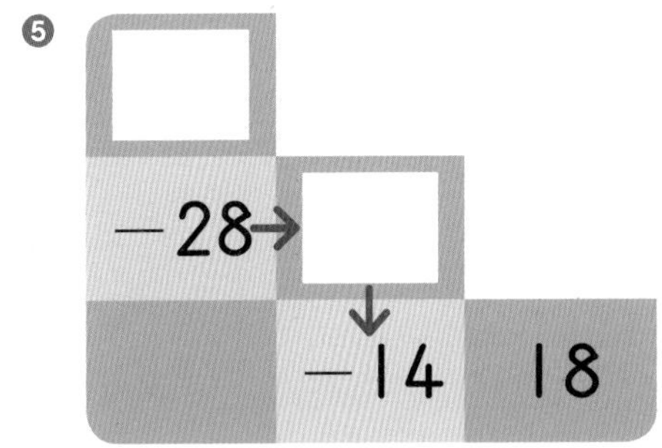

❻
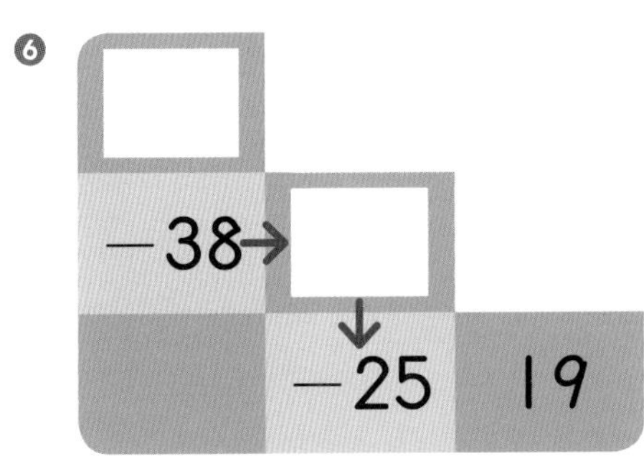

❼
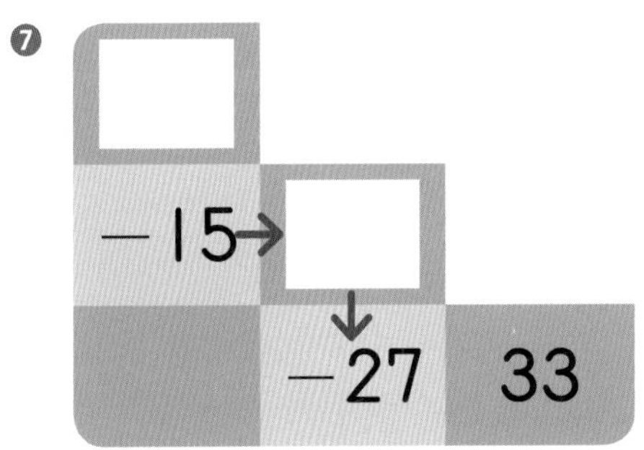

427 역피라미드 뺄셈

◐ 아래의 수는 선으로 연결된 두 수의 차입니다. 빈칸을 채우시오.

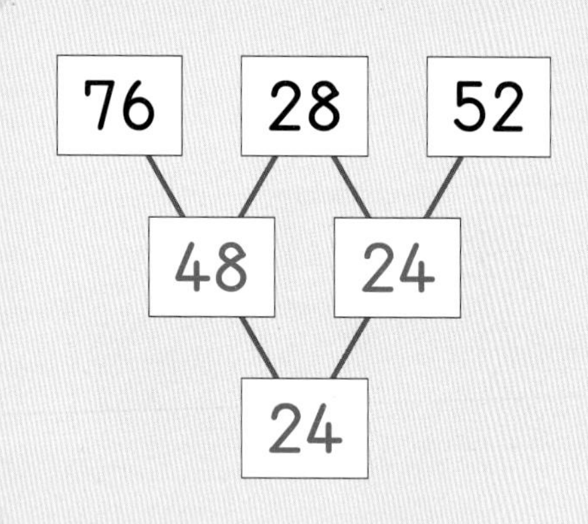

❶

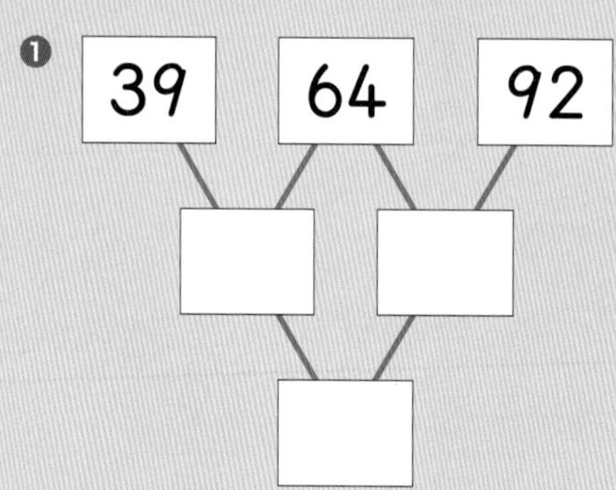

❷

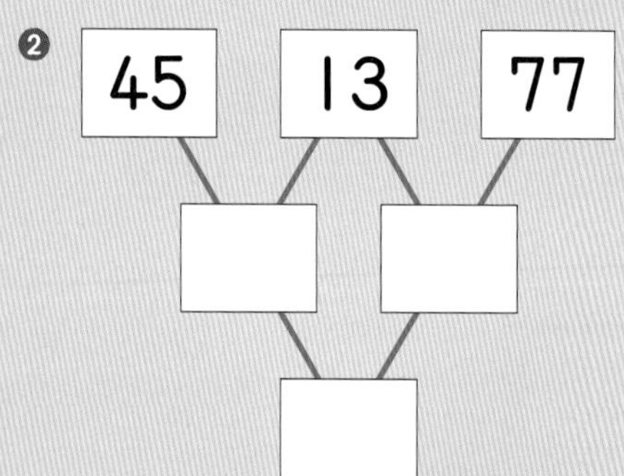

❸

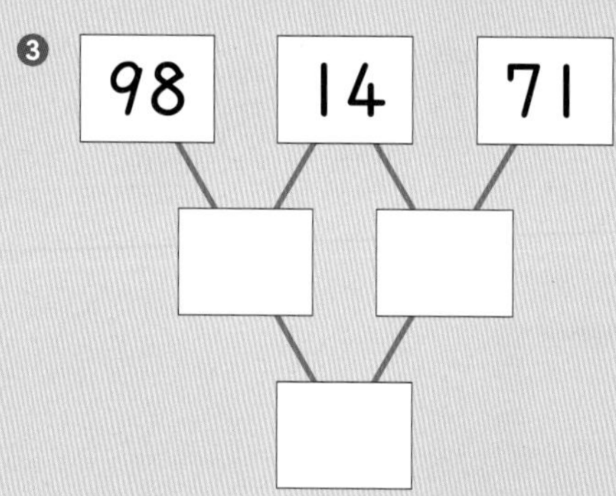

❹

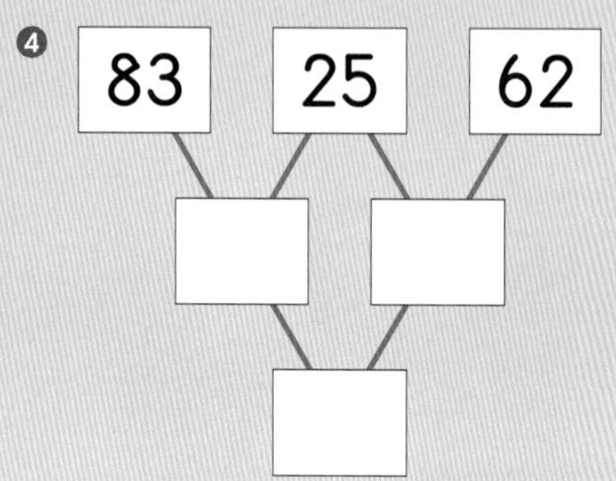

❺

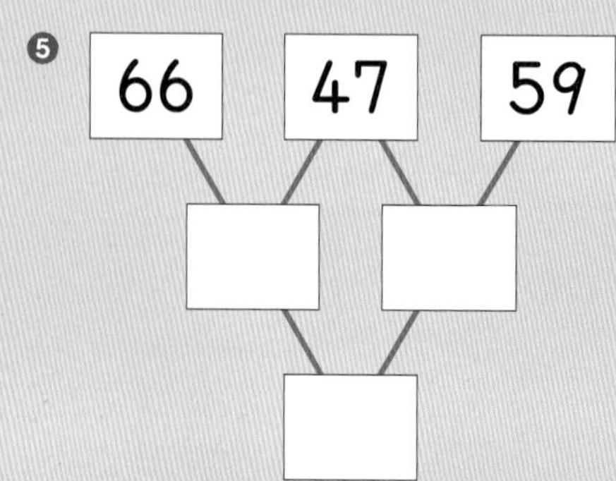

⊕ 아래의 수는 선으로 연결된 두 수의 차입니다. 빈칸을 채우시오.

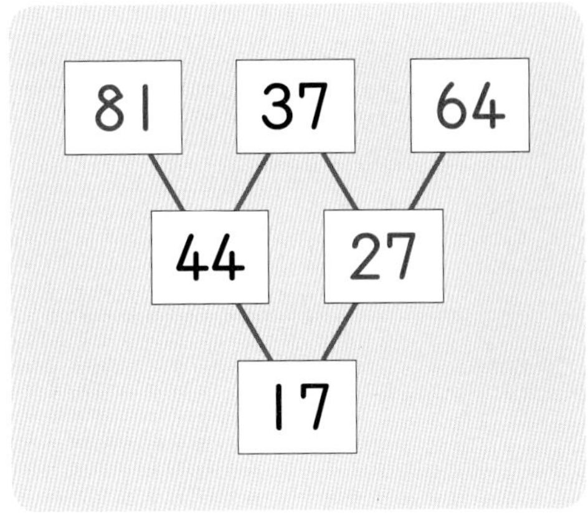

❶
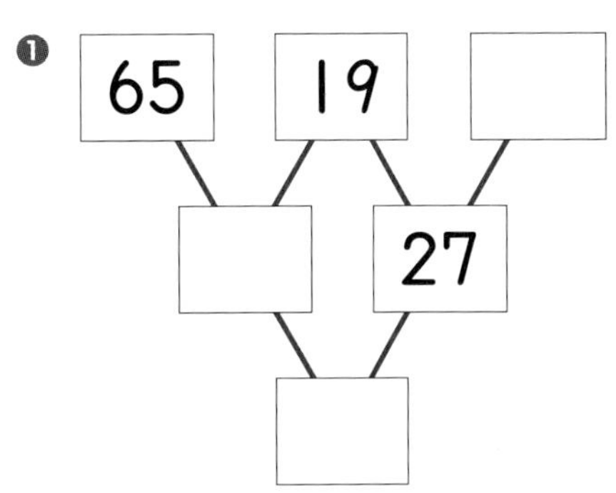

❷
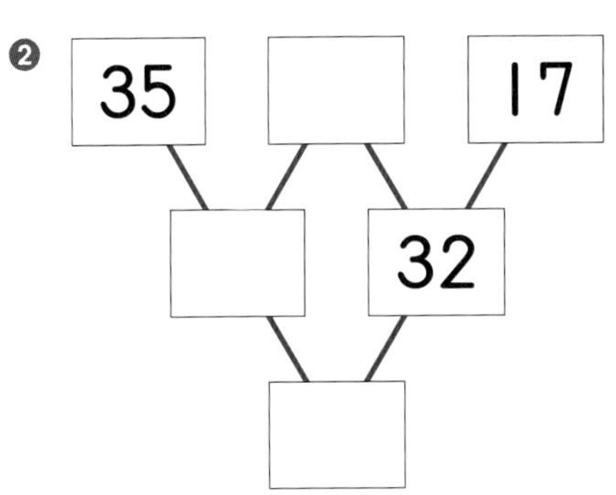

❸
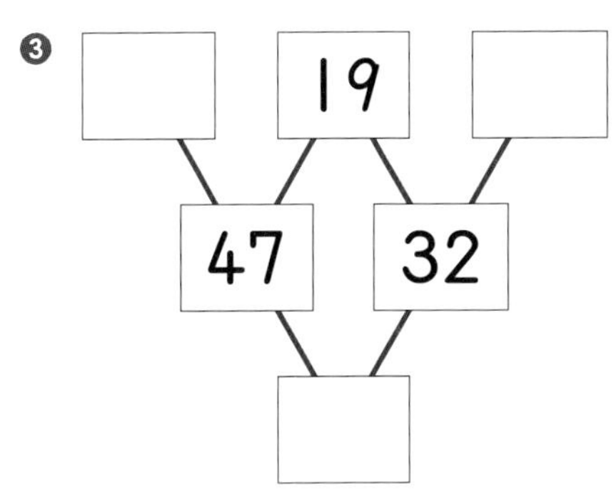

❹
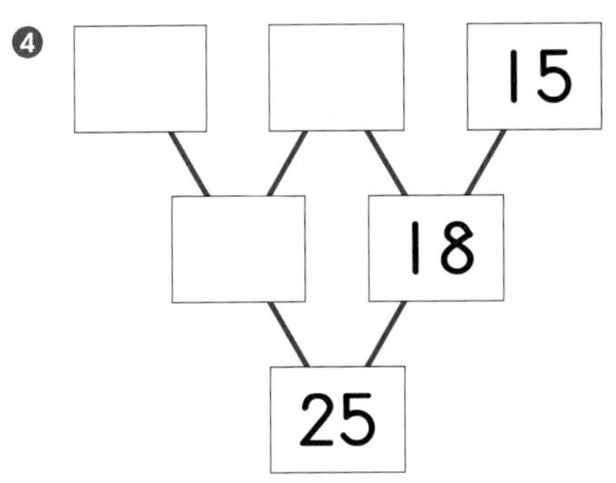

❺
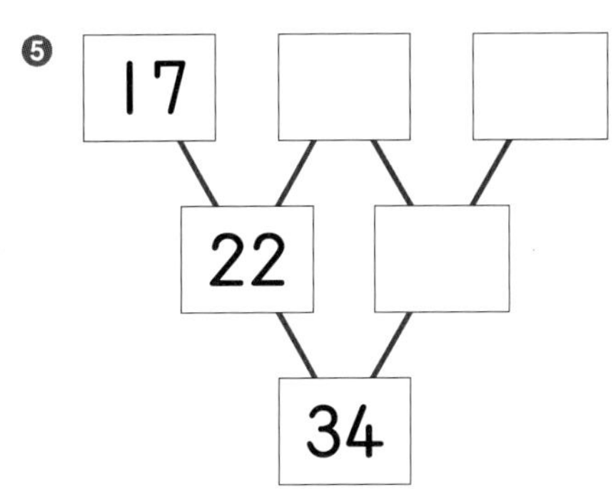

428 뺄셈표

◐ 뺄셈표의 빈칸에 알맞은 수를 써넣으시오.

—	15	34	41
56	41	22	15
67	52	33	26

❶

—	17	29	46
48			
76			

❷

—	18	27	39
59			
72			

❸

—	32	43	57
61			
79			

❹

—	59	65	73
78			
81			
94			

❺

—	16	24	35
42			
53			
67			

빨셈표의 빈칸에 알맞은 수를 써넣으시오.

−	13	26	33
45	32	19	12
52	39	26	19

❶

−		58	
	15	6	
88			26

❷

−	14		27
51		14	
	55		

❸

−			44
	19		2
		55	47

❹

−		25	
		17	
58			
65	46		27

❺

−		69	
71	14		1
		18	
	36		

잘 공부했는지 알아봅시다

월 일

1 □ 안에 알맞은 수를 써넣으시오.

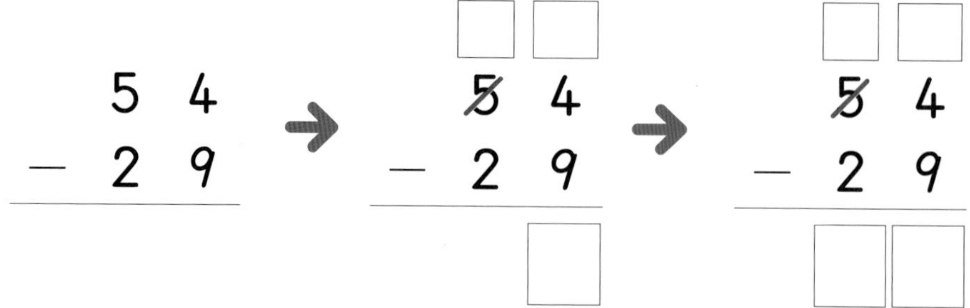

2 관계 있는 것끼리 선으로 이으시오.

41－13	55－19	62－37
92－56	87－59	74－49

3 빈칸에 알맞은 수를 써넣으시오.

두 자리 수의 뺄셈 (2)

429 체인지셈

430 큰 차 작은 차

431 수 카드 식완성

432 숫자 카드 목표수

429 체인지셈

◐ 색칠된 두 숫자를 바꾸어 계산하시오.

$$\begin{array}{r} 52 \\ -\ 13 \\ \hline 39 \end{array} \rightarrow \begin{array}{r} 32 \\ -\ 15 \\ \hline 17 \end{array}$$

❶
$$\begin{array}{r} 84 \\ -\ 27 \\ \hline 57 \end{array} \rightarrow$$

❷
$$\begin{array}{r} 41 \\ -\ 39 \\ \hline 2 \end{array} \rightarrow$$

❸
$$\begin{array}{r} 95 \\ -\ 68 \\ \hline 27 \end{array} \rightarrow$$

❹
$$\begin{array}{r} 76 \\ -\ 25 \\ \hline 51 \end{array} \rightarrow$$

❺
$$\begin{array}{r} 89 \\ -\ 14 \\ \hline 75 \end{array} \rightarrow$$

❻
$$\begin{array}{r} 52 \\ -\ 37 \\ \hline 15 \end{array} \rightarrow$$

❼
$$\begin{array}{r} 61 \\ -\ 48 \\ \hline 13 \end{array} \rightarrow$$

다음 식은 숫자 두 개가 바뀐 것입니다. 바뀐 숫자에 ○표 하고 바르게 고치시오.

$$\begin{array}{r} 63 \\ -\ \textcircled{4}\textcircled{2} \\ \hline 39 \end{array} \rightarrow \begin{array}{r} 63 \\ -\ 24 \\ \hline 39 \end{array}$$

❶
$$\begin{array}{r} 57 \\ -\ 16 \\ \hline 52 \end{array} \rightarrow$$

❷
$$\begin{array}{r} 81 \\ -\ 79 \\ \hline 18 \end{array} \rightarrow$$

❸
$$\begin{array}{r} 53 \\ -\ 26 \\ \hline 16 \end{array} \rightarrow$$

❹
$$\begin{array}{r} 94 \\ -\ 34 \\ \hline 49 \end{array} \rightarrow$$

❺
$$\begin{array}{r} 64 \\ -\ 15 \\ \hline 13 \end{array} \rightarrow$$

❻
$$\begin{array}{r} 87 \\ -\ 19 \\ \hline 59 \end{array} \rightarrow$$

❼
$$\begin{array}{r} 75 \\ -\ 29 \\ \hline 68 \end{array} \rightarrow$$

430 큰 차 작은 차

◐ 오른쪽은 가장 큰 차, 왼쪽은 가장 작은 차가 나오도록 두 수를 연결한 것입니다. 빈칸을 채우시오.

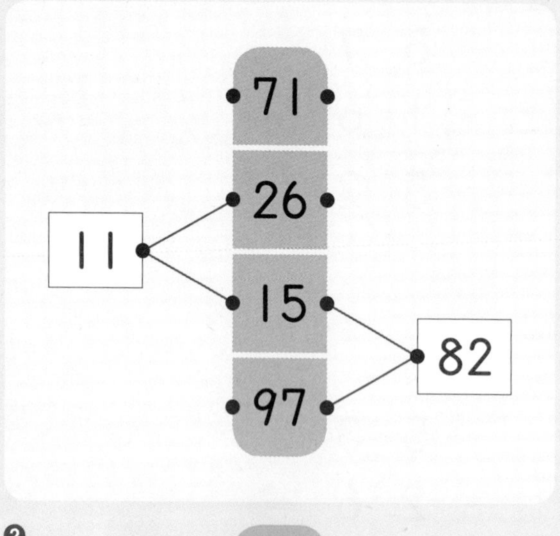

❶

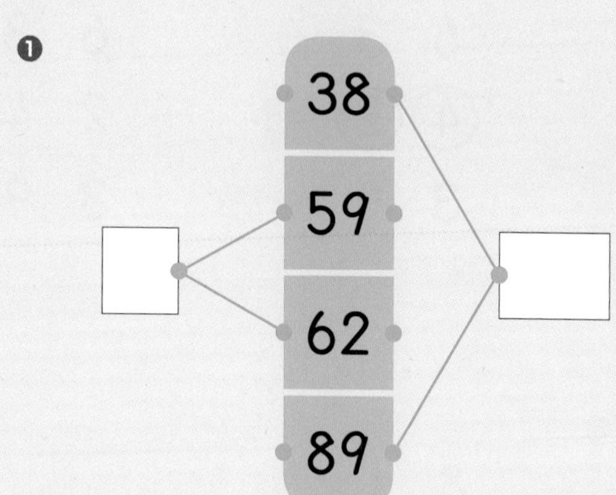

❷

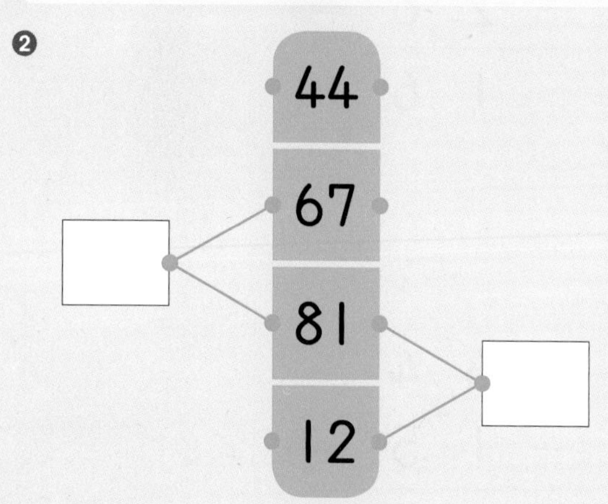

❸

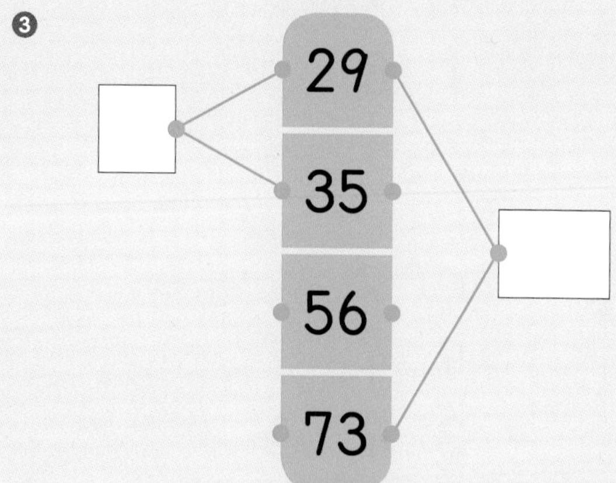

❹

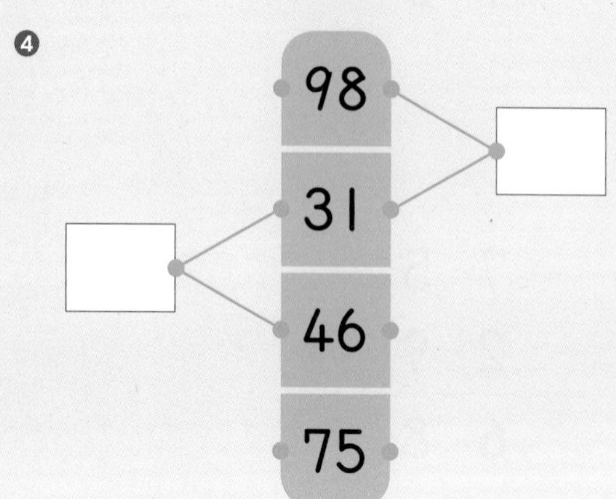

❺

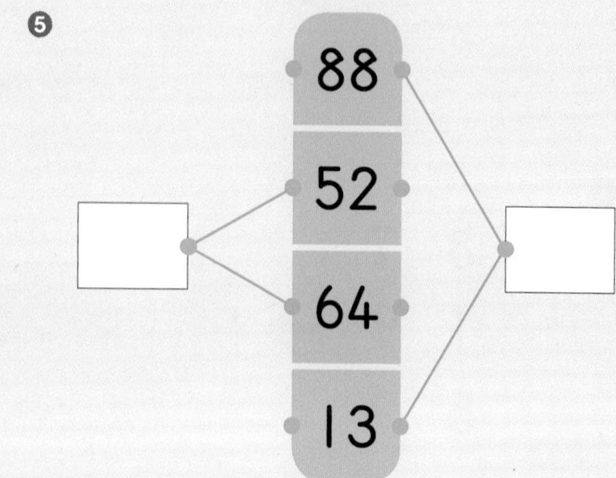

오른쪽은 가장 큰 차, 왼쪽은 가장 작은 차가 나오도록 두 수를 연결한 것입니다. 빈칸을 채우시오.

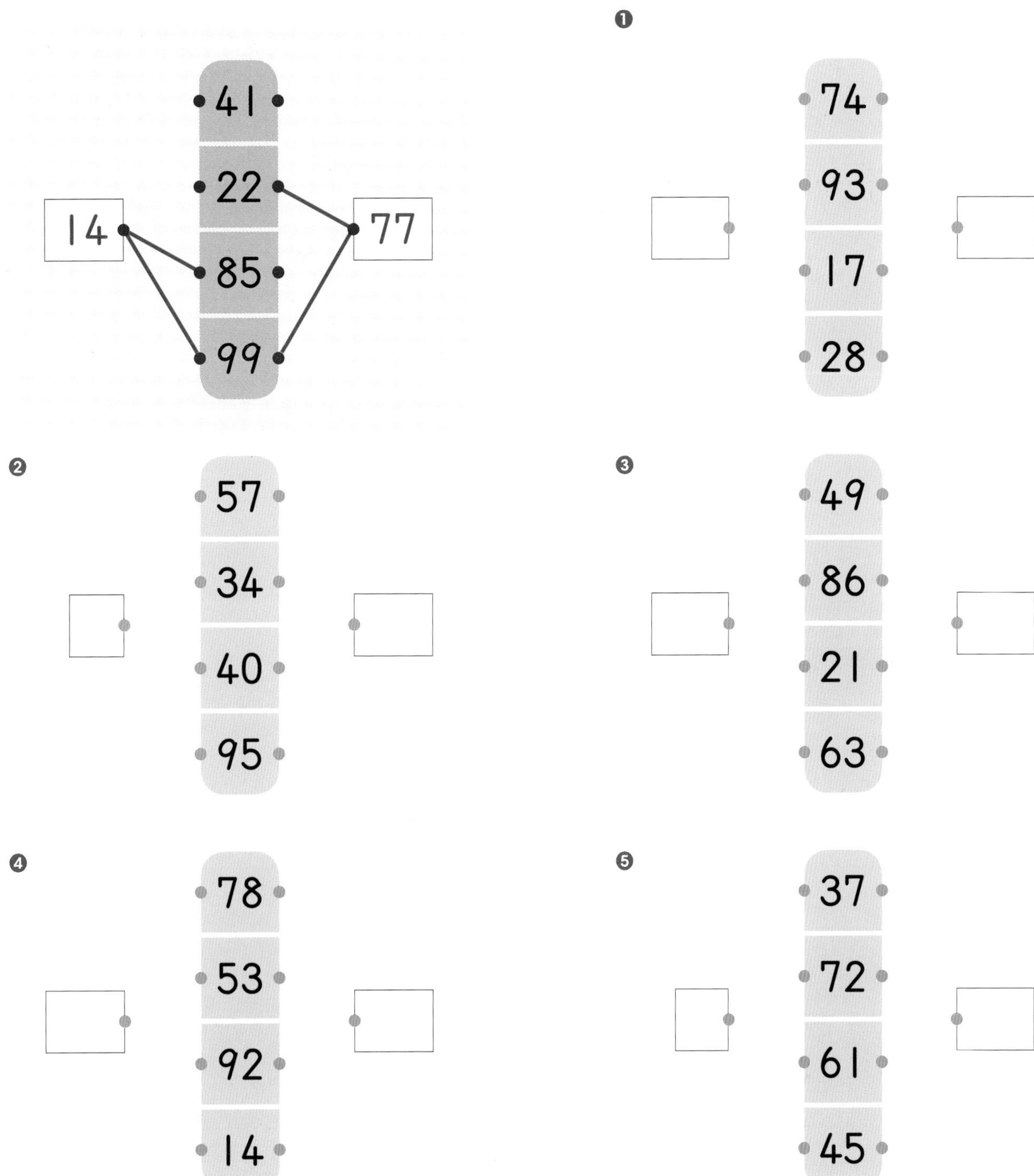

431 수 카드 식완성

◐ 수 카드 중 두 장을 사용하여 식을 완성하시오.

91 − 47 = 44

❶ 

□ − □ = 61

❷ 32 58 76

□ − □ = 26

❸ 

□ − □ = 18

❹ 70 27 33

□ − □ = 37

❺ 

□ − □ = 76

❻ 95 68 42

□ − □ = 26

❼ 39 80 55

□ − □ = 16

◆ 수 카드 중 세 장을 사용하여 식을 완성하시오.

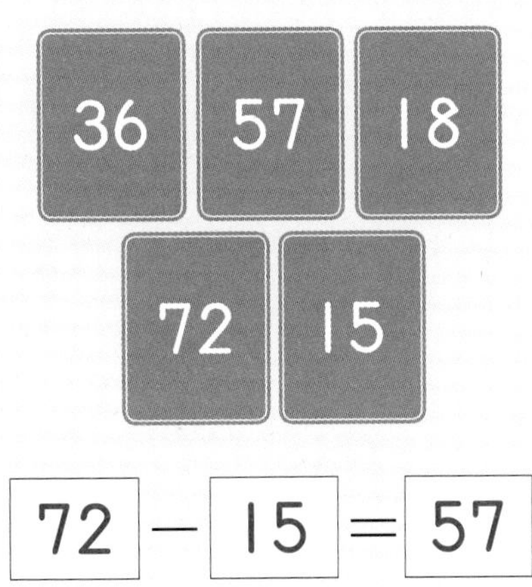

❶
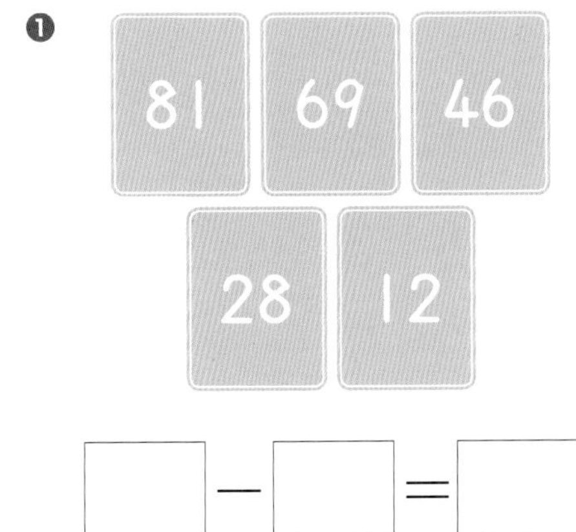

❷
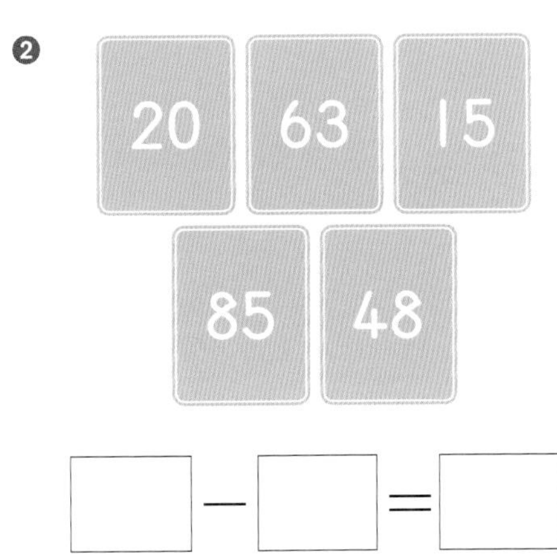

❸
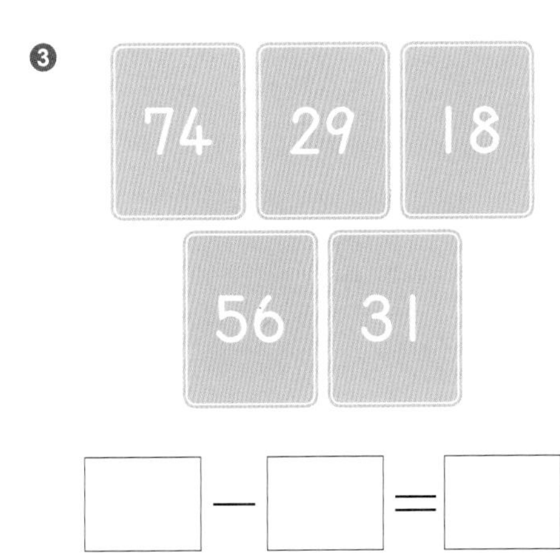

❹
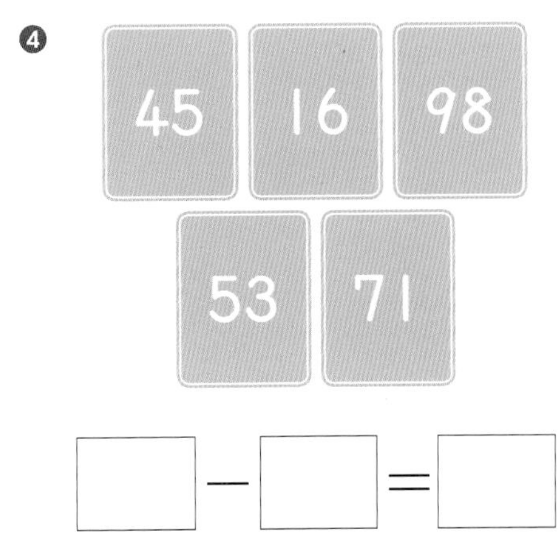

❺
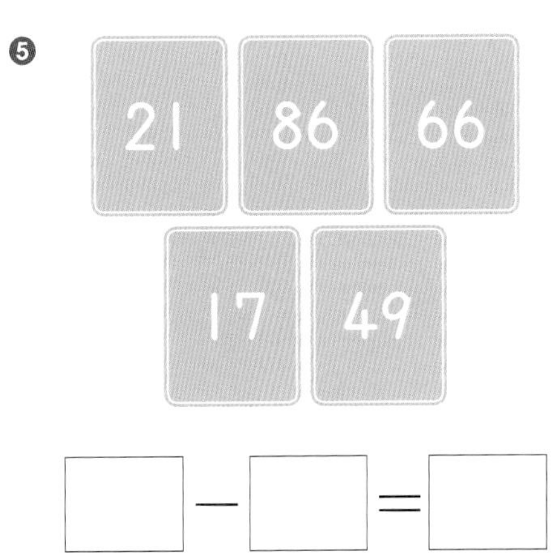

432 숫자 카드 목표수

◐ 숫자 카드를 모두 한 번씩 사용하여 뺄셈식을 완성하시오.

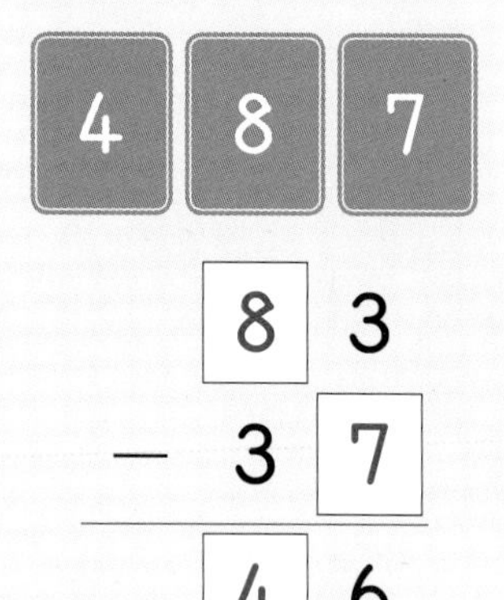

❶ 4 1 3

9 □
− □ 7
5 □

❷

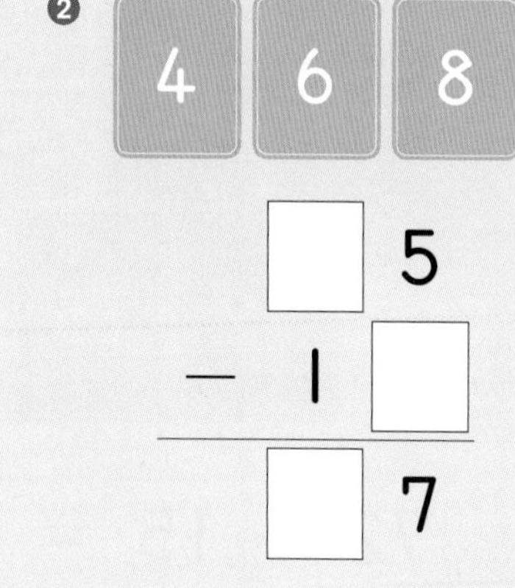

❸

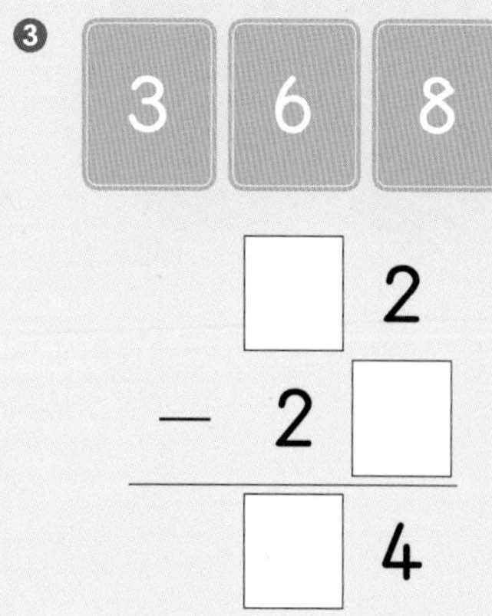

❹ 3 7 6

8 □
− □ 9
4 □

❺

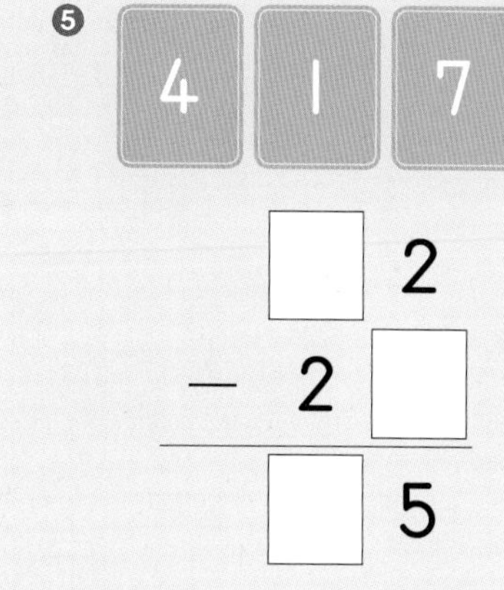

❻ 8 6 2

4 □
− □ 8
1 □

❼ 8 2 4

□ 6
− 1 □
□ 8

❽

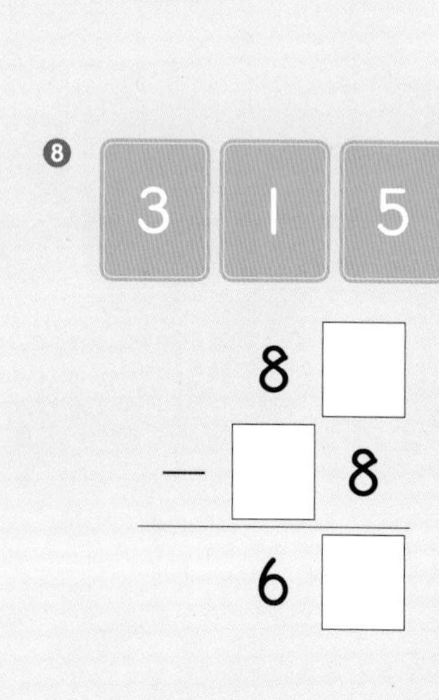

월 일

⊕ 뺄셈식에 맞게 왼쪽 숫자 카드를 한 번씩 써넣으시오.

1 5
7 6

$76 - 51 = 25$

$65 - 17 = 48$

$57 - 16 = 41$

❶

1 9
8 2

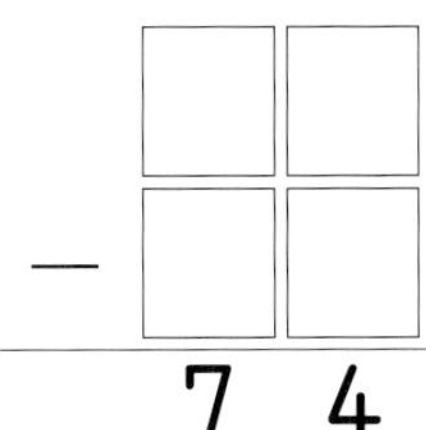

$\square\square - \square\square = 74$

$\square\square - \square\square = 11$

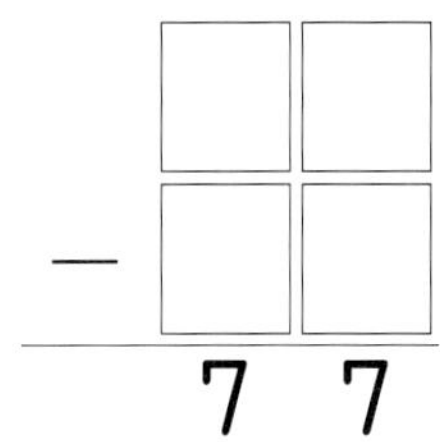

$\square\square - \square\square = 77$

❷

3 6
4 9

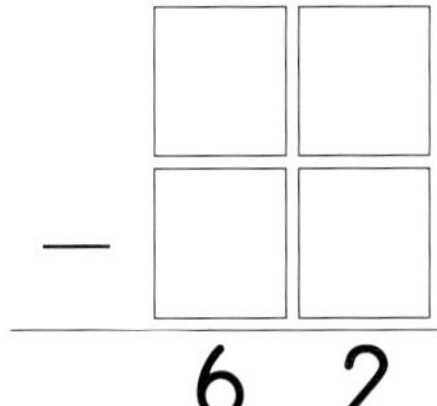

$\square\square - \square\square = 62$

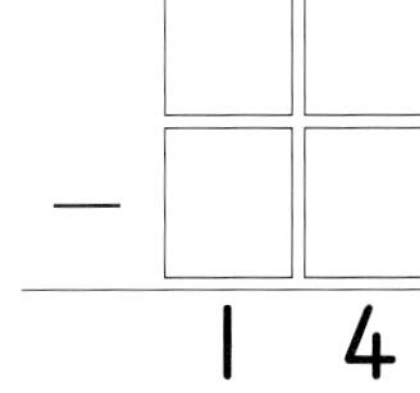

$\square\square - \square\square = 14$

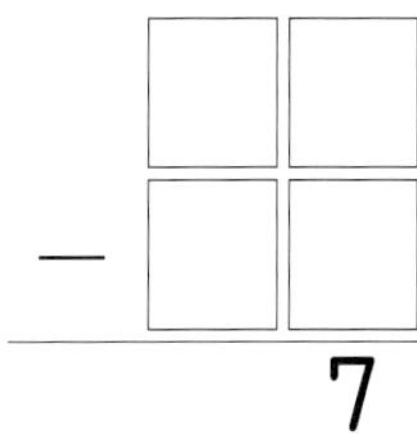

$\square\square - \square\square = 7$

❸

6 5

3 2

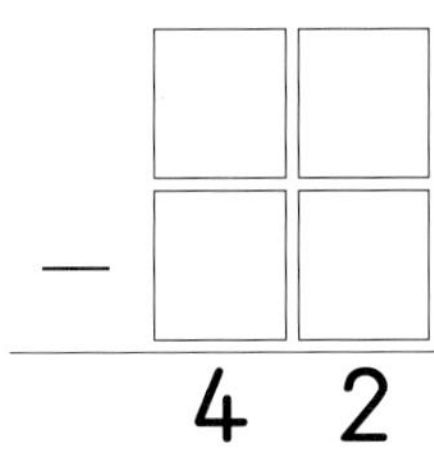

$\square\square - \square\square = 42$

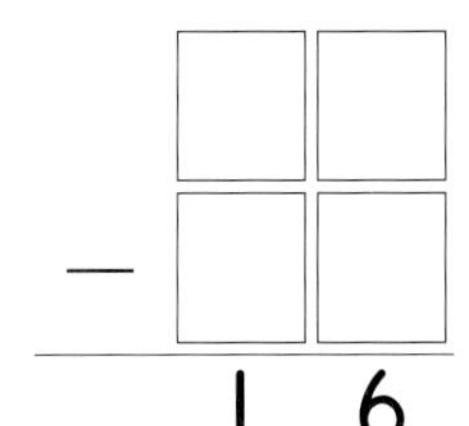

$\square\square - \square\square = 16$

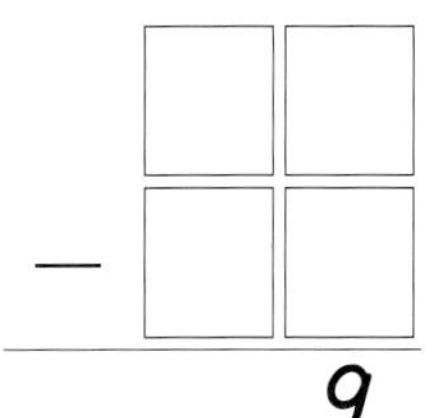

$\square\square - \square\square = 9$

잘 공부했는지 알아봅시다

월 일

1 숫자 카드 중 두 장을 사용하여 뺄셈식을 완성하시오.

2 다음 중 두 수를 사용하여 식을 완성하시오.

19 39 85 72 42

$\square - \square = 33$

3 숫자 카드 네 장을 모두 사용하여 뺄셈식을 완성하시오.

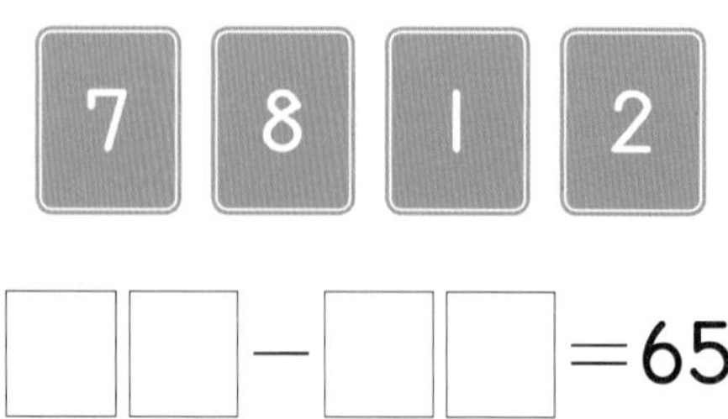

5 두 자리 수의 덧셈과 뺄셈

433 관계셈

◐ 덧셈식을 보고 뺄셈식을, 뺄셈식을 보고 덧셈식을 만드시오.

$65+19=84$

$84-\boxed{65}=\boxed{19}$

$84-\boxed{19}=\boxed{65}$

❶ $37+41=78$

$78-\boxed{}=\boxed{}$

$78-\boxed{}=\boxed{}$

❷ $29+66=95$

$95-\boxed{}=\boxed{}$

$95-\boxed{}=\boxed{}$

❸ $28+46=74$

$74-\boxed{}=\boxed{}$

$74-\boxed{}=\boxed{}$

$82-29=53$

$\boxed{53}+\boxed{29}=82$

$\boxed{29}+\boxed{53}=82$

❹ $92-35=57$

$\boxed{}+\boxed{}=92$

$\boxed{}+\boxed{}=92$

❺ $63-28=35$

$\boxed{}+\boxed{}=63$

$\boxed{}+\boxed{}=63$

❻ $47-19=28$

$\boxed{}+\boxed{}=47$

$\boxed{}+\boxed{}=47$

◆ □ 안에 알맞은 수를 써넣으시오.

$\boxed{56} + 18 = 74 \longleftrightarrow 74 - \boxed{18} = 56$

❶ $\square + 51 = 97 \longleftrightarrow 97 - \square = 46$

❷ $\square + 23 = 71 \longleftrightarrow 71 - \square = 48$

❸ $\square + 49 = 83 \longleftrightarrow 83 - \square = 34$

❹ $\square + 15 = 43 \longleftrightarrow 43 - \square = 28$

❺ $\square + 67 = 81 \longleftrightarrow 81 - \square = 14$

❻ $\square + 32 = 95 \longleftrightarrow 95 - \square = 63$

434 다리 잇기

◑ 계산을 한 다음 알맞게 선으로 이으시오.

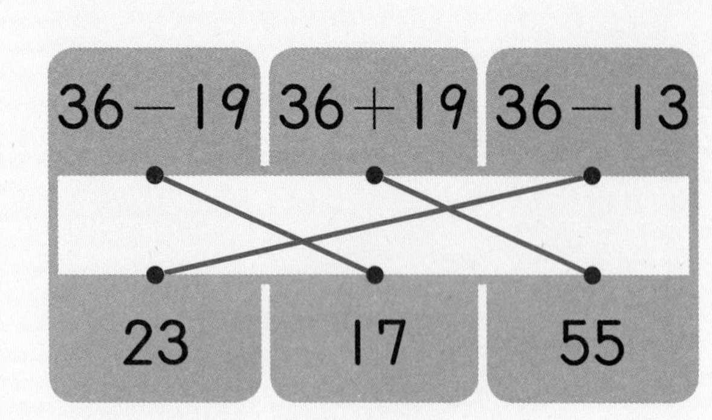

❶

❷
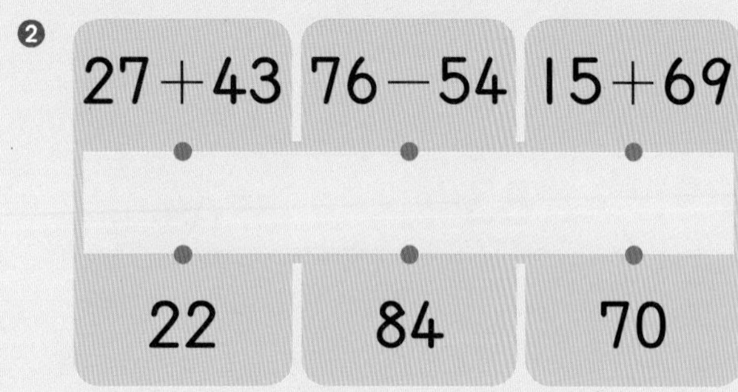

❸
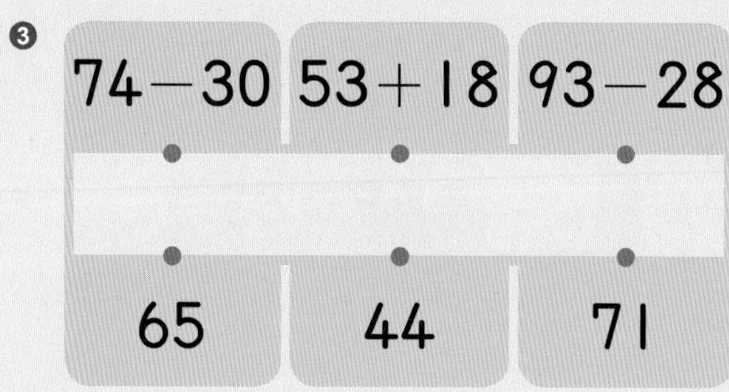

❹
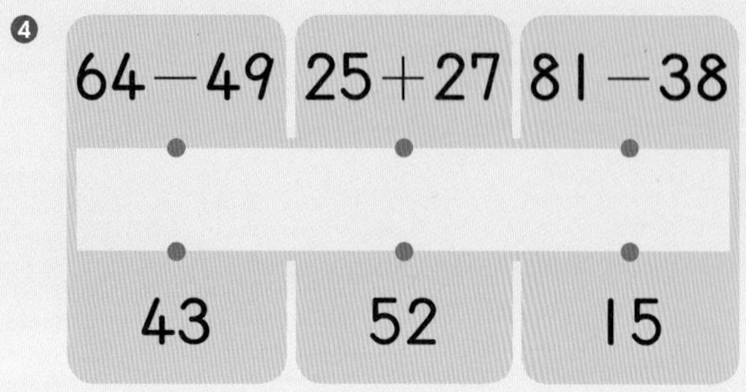

❺
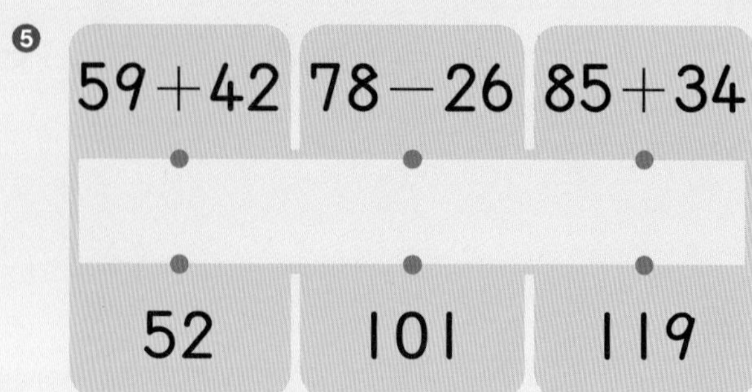

◆ 계산 결과가 같은 것끼리 선으로 이으시오.

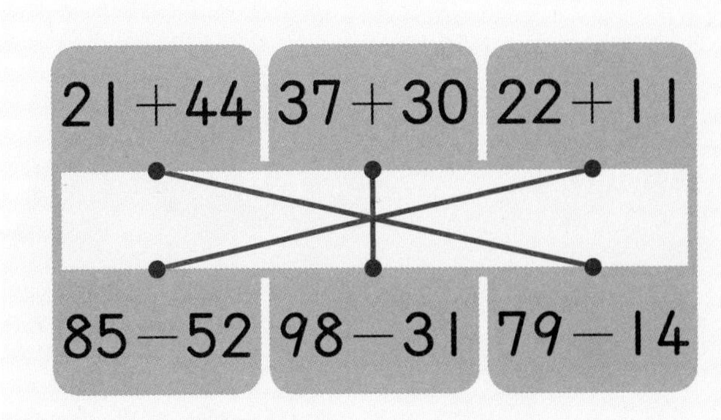

❶

55+32	41+13	17+26
67−24	99−12	88−34

❷

15+19	75−28	57+26
65−18	89−55	94−11

❸

23+32	16+21	38+29
64−27	77−10	88−33

❹

29+26	15+54	12+35
78−23	93−46	82−13

❺

25+16	39+19	42+35
89−12	69−11	95−54

435 두 색깔 양궁

◐ 화살이 (진한 색)에 꽂히면 점수를 더하고, (연한 색)에 꽂히면 점수를 뺍니다. 몇 점입니까?

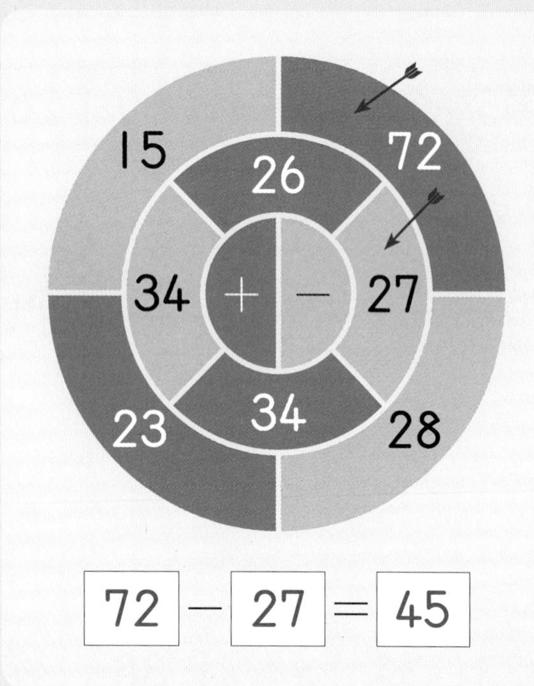

72 − 27 = 45

❶

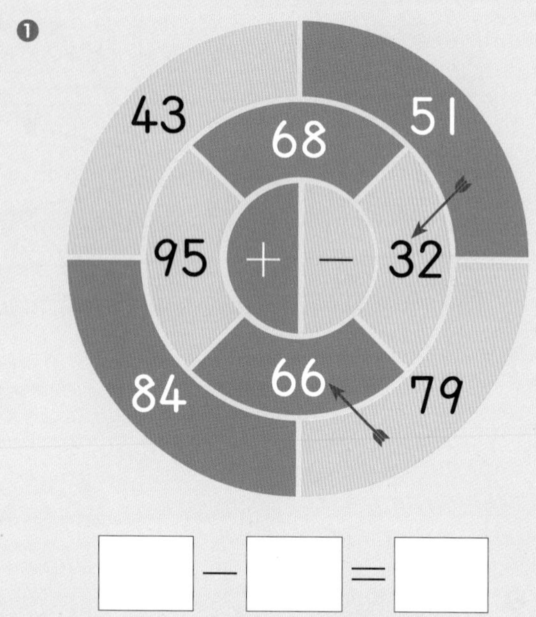

☐ − ☐ = ☐

❷

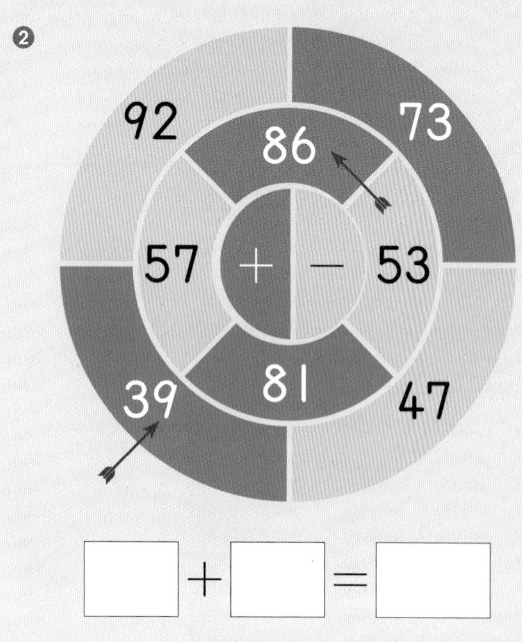

☐ + ☐ = ☐

❸

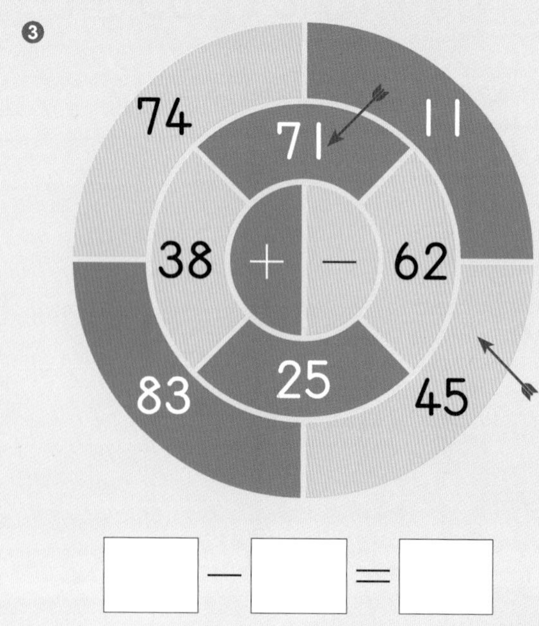

☐ − ☐ = ☐

◆ 안의 점수에 맞게 화살 두 개를 그리시오.

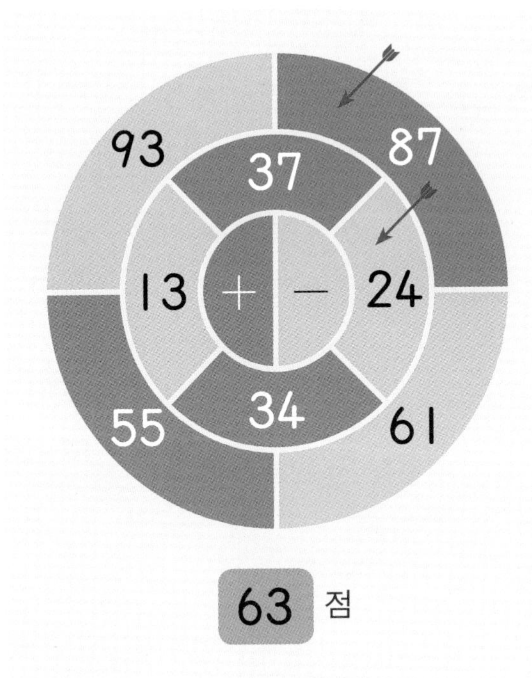

63 점

❶

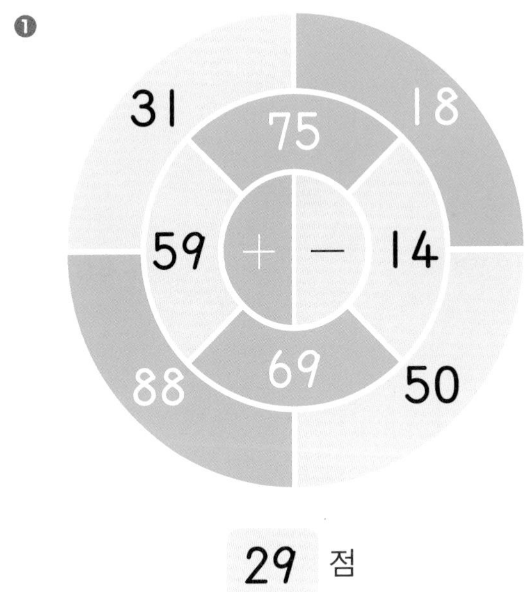

29 점

❷

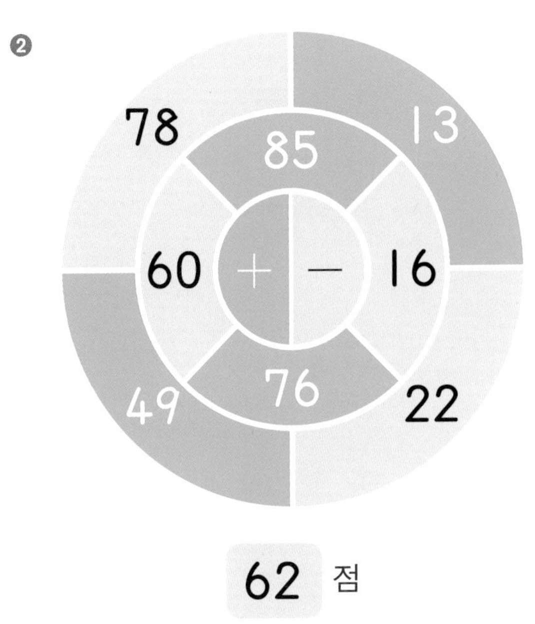

62 점

❸

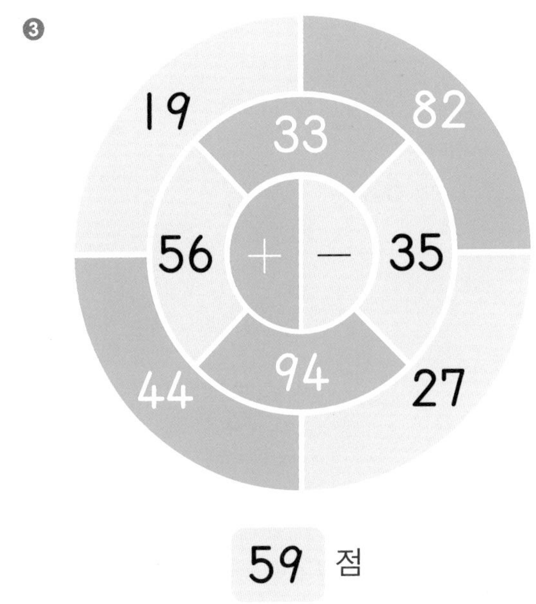

59 점

436 수 배열표셈

◑ 수 배열표를 보고 다음 계산을 하시오.

11						17			▲
							●		
		■						39	
◆					46				

▲+●= 48

◆−■= 8

■+●= 61

❶

41								▲	
					●			59	
	■					67			
		73		◆					

●−▲= □

■+●= □

◆−▲= □

❷

		33		▲					
●						47			
51					56				■
	62					◆		69	

▲+●= □

■+◆= □

■−●= □

❸

					◆				
			74				▲		80
	■					87			
		93						●	

●−▲= □

■+●= □

■−◆= □

✚ 수 배열표를 보고 다음 계산을 하시오.

39					45		▲	
	50							●
			■				67	
	◆			74				

◆−●+▲= 59

◆−▲+■= 85

❶

52						▲		60	
		64			●				
	■							80	
					87				◆

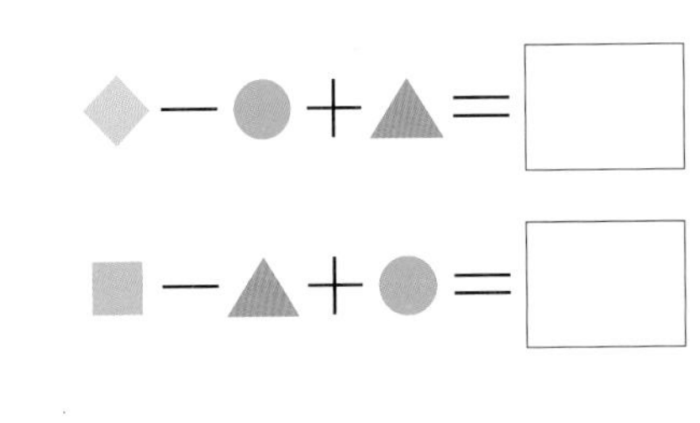

❷

15			▲		20				
	●						32		
				■					44
							◆		54

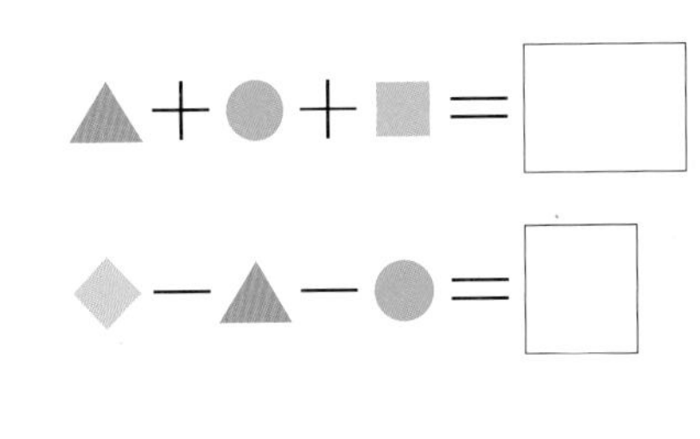

❸

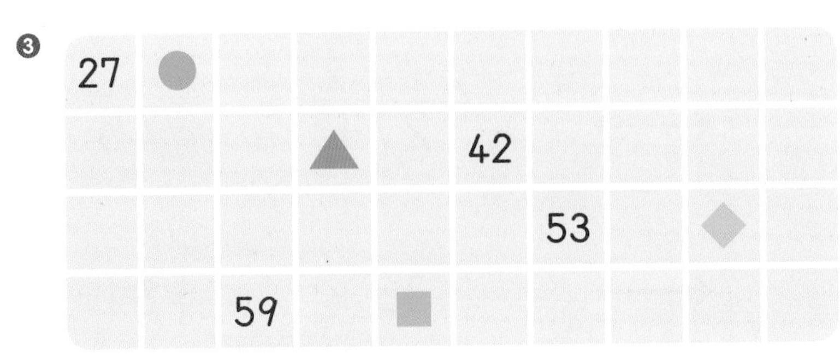

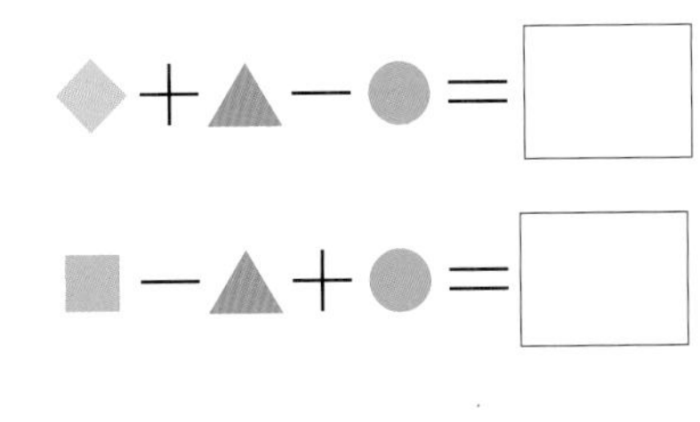

잘 공부했는지 알아봅시다

월 일

1 수 카드를 사용하여 덧셈식과 뺄셈식을 각각 만드시오.

2 수 배열표를 보고 □ 안에 알맞은 수를 써넣으시오.

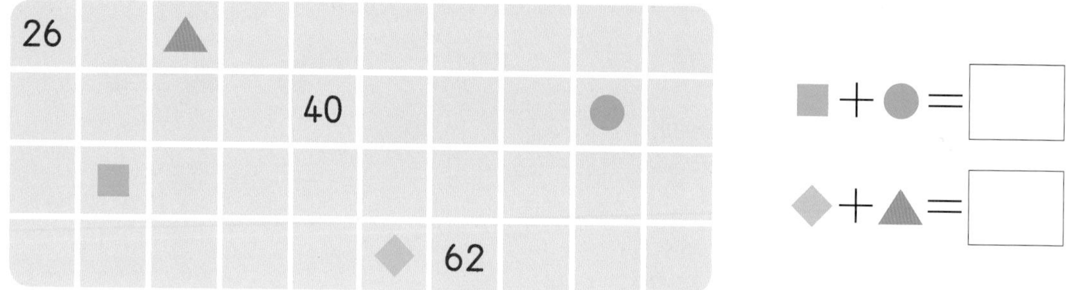

3 □ 안에 알맞은 수를 써넣으시오.

❶ 45－□＝18 ⟷ 27＋□＝45

❷ 81－□＝45 ⟷ 36＋□＝81

6

여러 가지 계산 방법

437 덧셈 방법

◐ 여러 가지 방법의 덧셈 설명을 보고 □ 안에 알맞은 수를 써넣으시오.

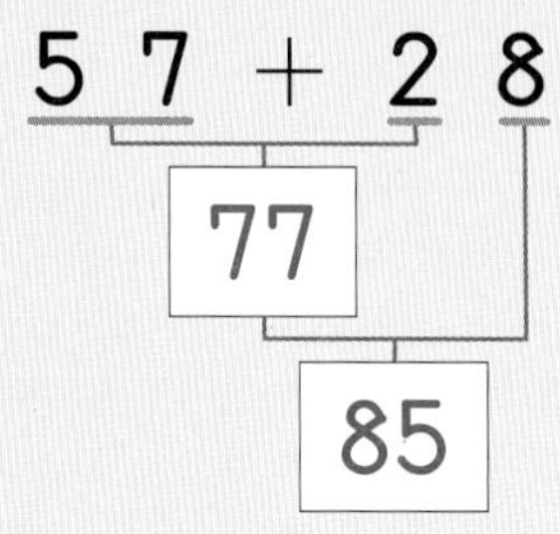

57에 20을 먼저 더하고 그 결과에 8을 더합니다.

❶

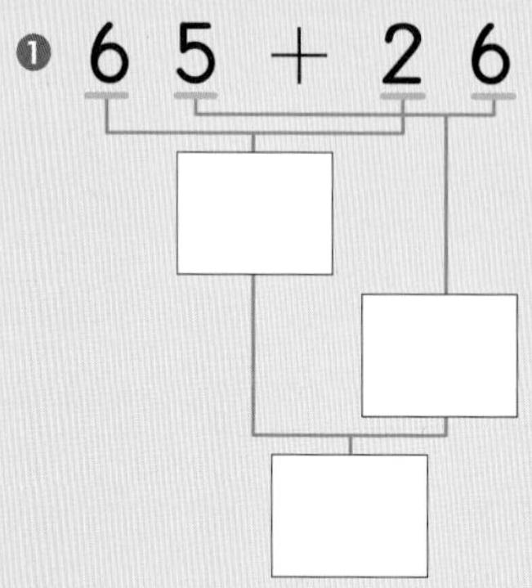

60과 20을 더하고 5와 6을 더한 다음 그 결과를 더합니다.

❷

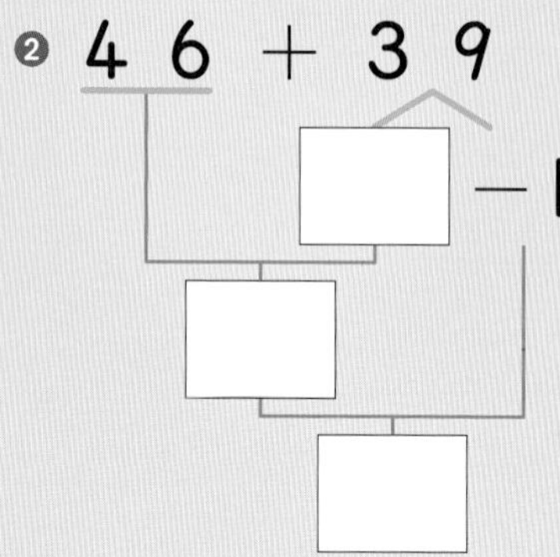

46에 40을 먼저 더한 다음 그 결과에서 1을 뺍니다.

❸

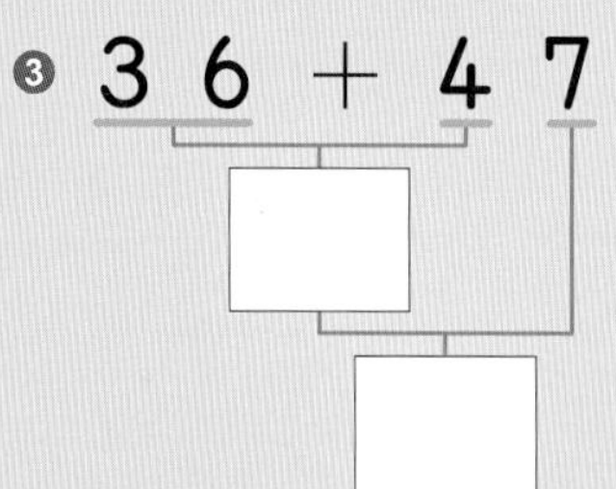

36에 40을 먼저 더한 다음 그 결과에 7을 더합니다.

❹

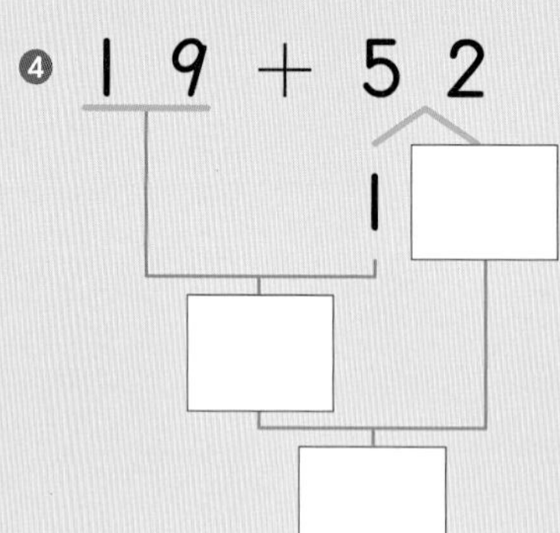

19에 1을 먼저 더한 다음 그 결과에 51을 더합니다.

❺

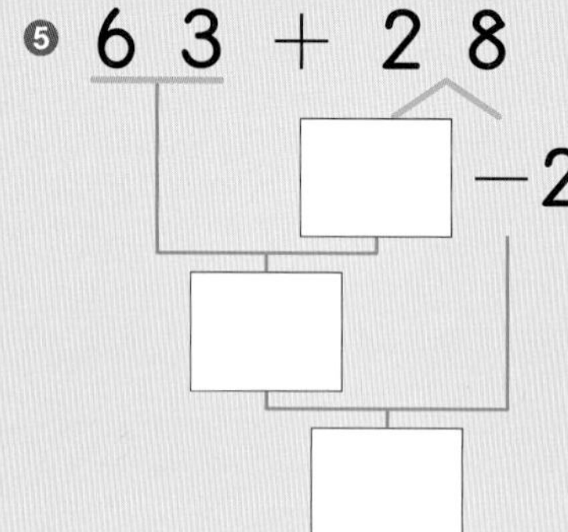

63에 30을 먼저 더한 다음 그 결과에서 2를 뺍니다.

✚ 여러 가지 방법으로 덧셈을 한 것입니다. □ 안에 알맞은 수를 써넣으시오.

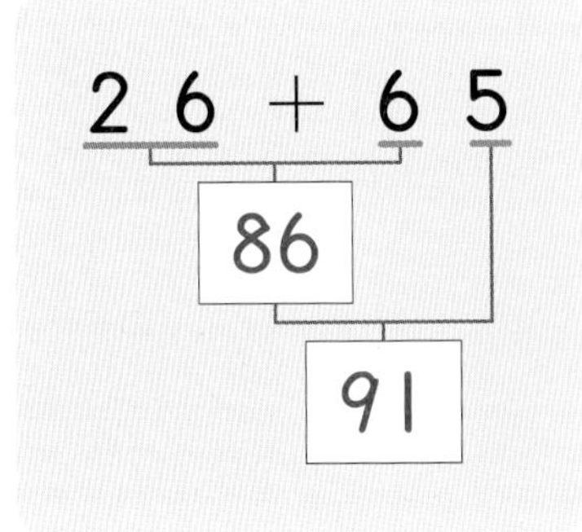

❶ 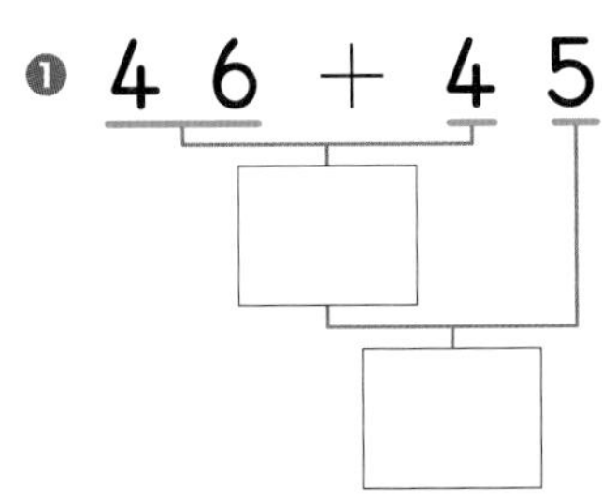

❷ 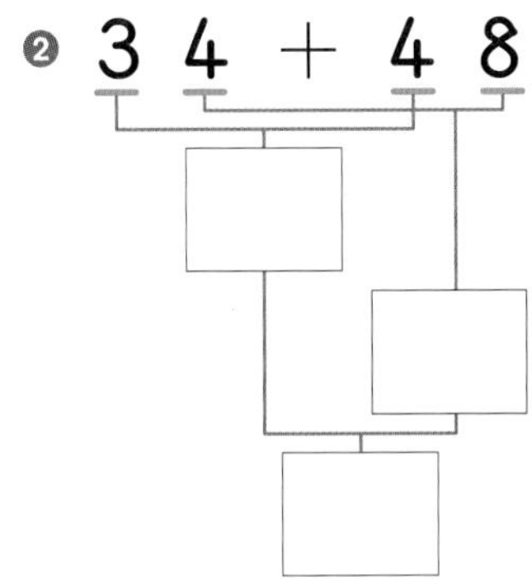

❸ 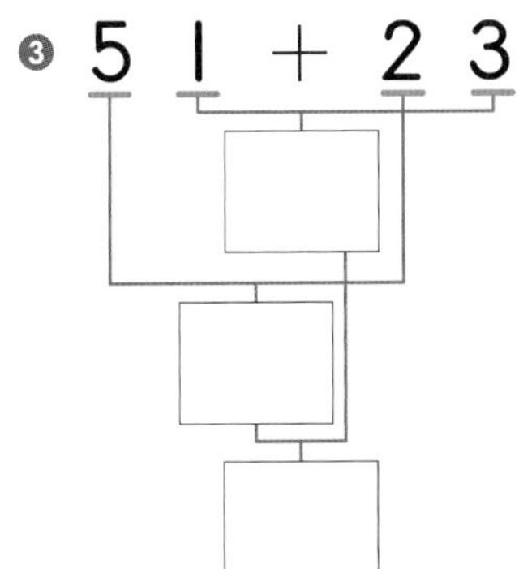

❹ 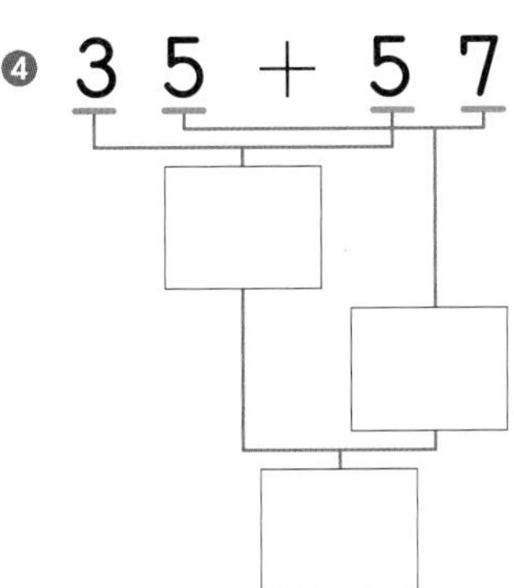

❺ 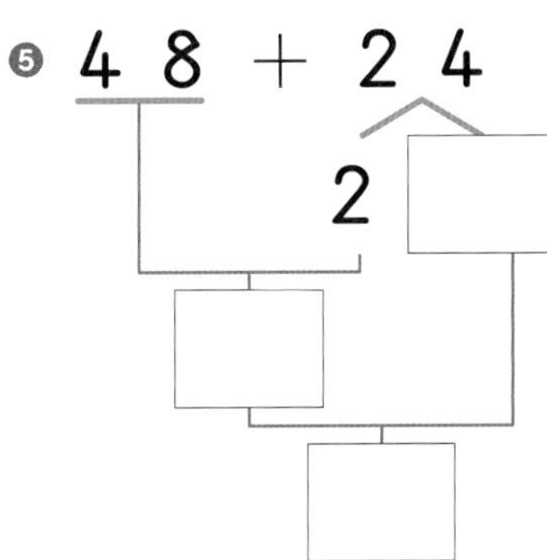

❻ 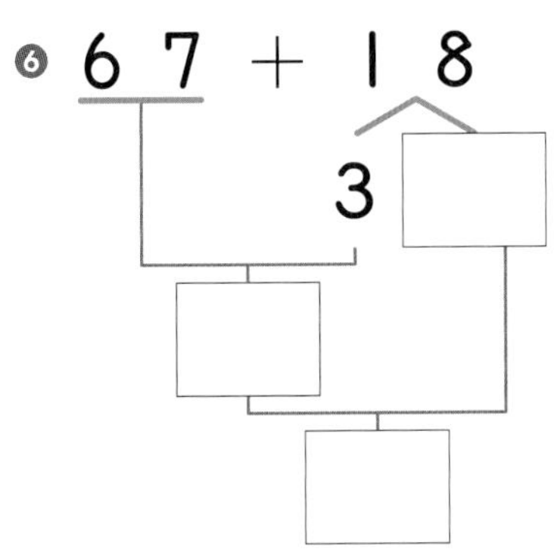

❼ 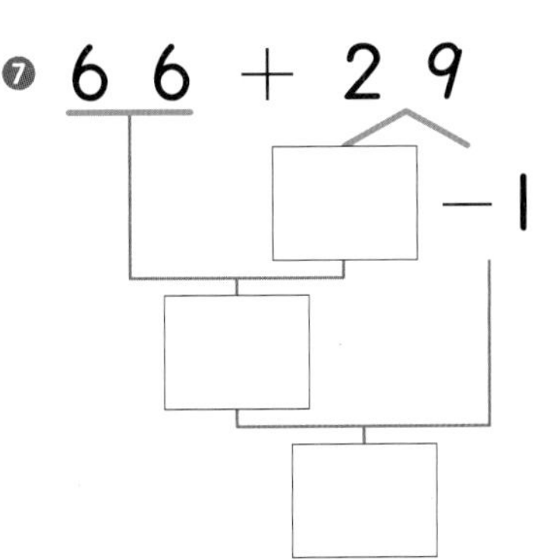

❽ 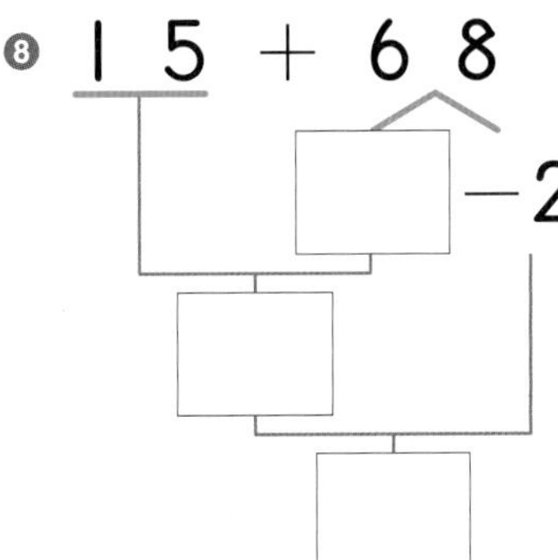

438 가로 덧셈

◐ 여러 가지 방법으로 덧셈을 한 것입니다. □ 안에 알맞은 수를 써넣으시오.

72+21
=72+ [20] + [1]
= [92] + [1]
= [93]

72에 20을 먼저 더하고, 그 결과에 1을 더합니다.

❶ 37+47
=30+7+ □ + □
= □ + □
= □

30과 40을 더하고, 7과 7을 더한 다음 두 계산 결과를 더합니다.

❷ 15+58
=15+ □ − □
= □ − □
= □

15에 60을 더한 다음 그 결과에서 2를 뺍니다.

❸ 28+53
=28+ □ +51
= □ + □
= □

28에 2를 더한 다음 그 결과에 51을 더합니다.

✚ 여러 가지 방법으로 덧셈을 한 것입니다. □ 안에 알맞은 수를 써넣으시오.

$28+34$
$=28+\boxed{30}+4$
$=\boxed{58}+4$
$=\boxed{62}$

❶ $26+55$
$=20+6+\square+5$
$=70+\square$
$=\square$

❷ $46+19$
$=46+\square-1$
$=66-\square$
$=\square$

❸ $69+23$
$=69+\square+22$
$=\square+22$
$=\square$

❹ $38+46$
$=30+8+\square+6$
$=\square+14$
$=\square$

❺ $24+48$
$=24+\square-2$
$=\square-2$
$=\square$

439 뺄셈 방법

◐ 여러 가지 방법의 뺄셈 설명을 보고 □ 안에 알맞은 수를 써넣으시오.

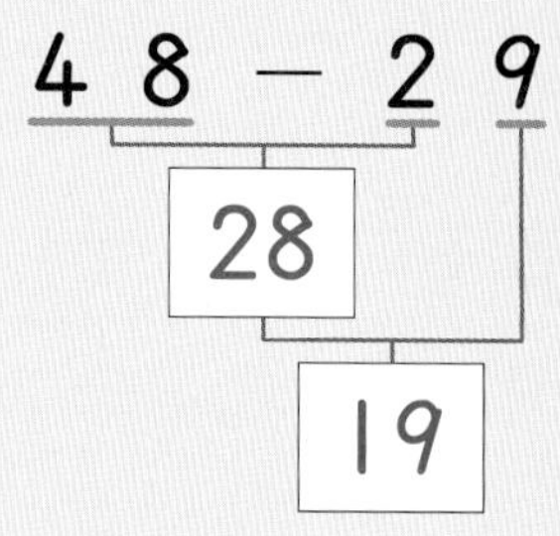

48에서 20을 먼저 뺀 다음 그 결과에서 9를 뺍니다.

❶ 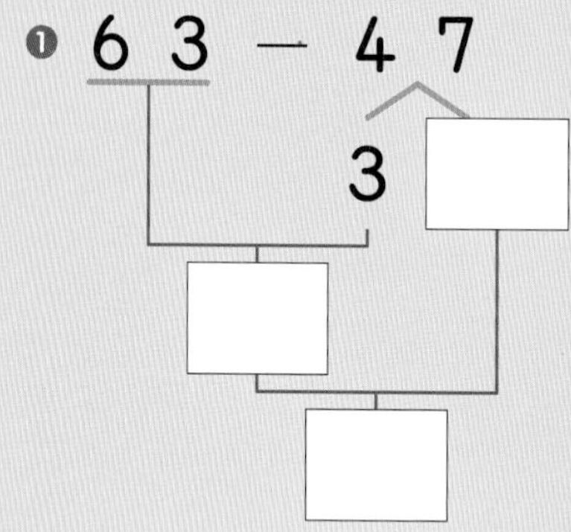

63에서 3을 먼저 뺀 다음 그 결과에서 44를 뺍니다.

❷ 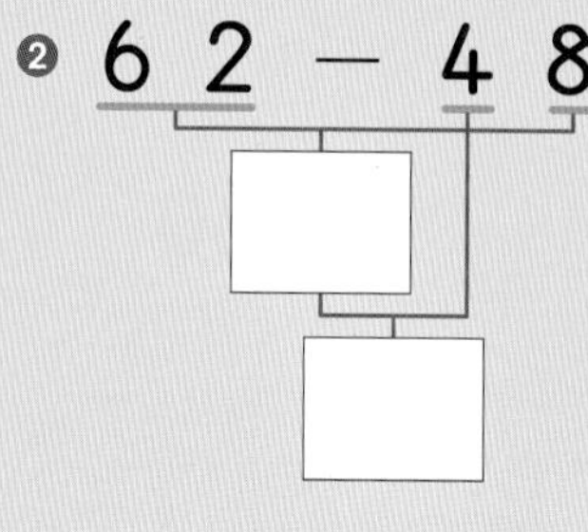

62에서 8을 먼저 뺀 다음 그 결과에서 40을 뺍니다.

❸ 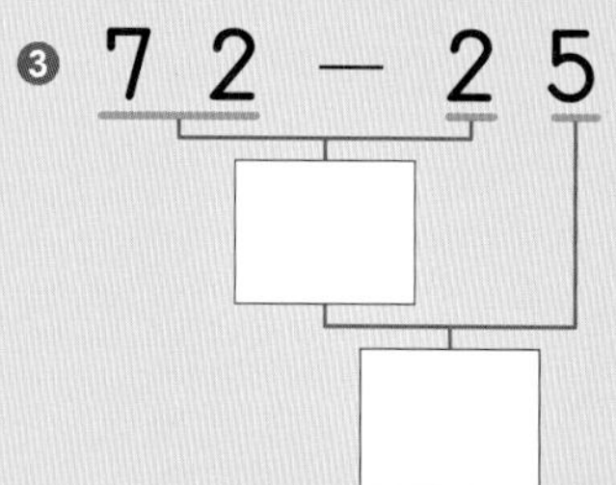

72에서 20을 먼저 뺀 다음 그 결과에서 5를 뺍니다.

❹ 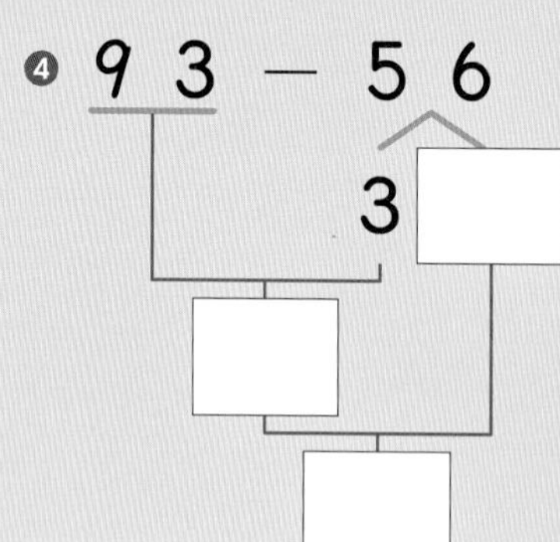

93에서 3을 먼저 뺀 다음 그 결과에서 53을 뺍니다.

❺ 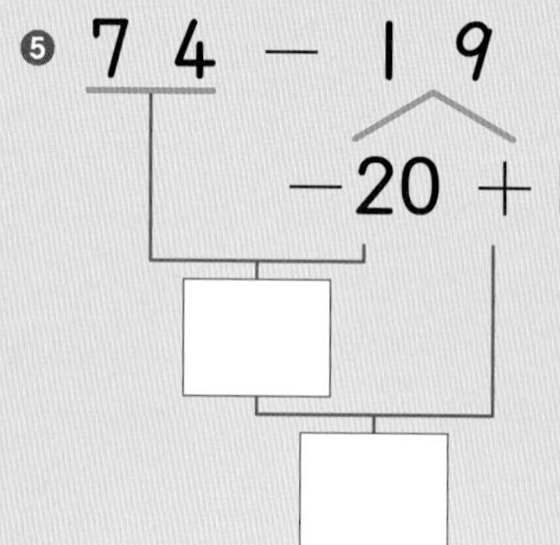

74에서 20을 먼저 뺀 다음 그 결과에 1을 더합니다.

여러 가지 방법으로 뺄셈을 한 것입니다. □ 안에 알맞은 수를 써넣으시오.

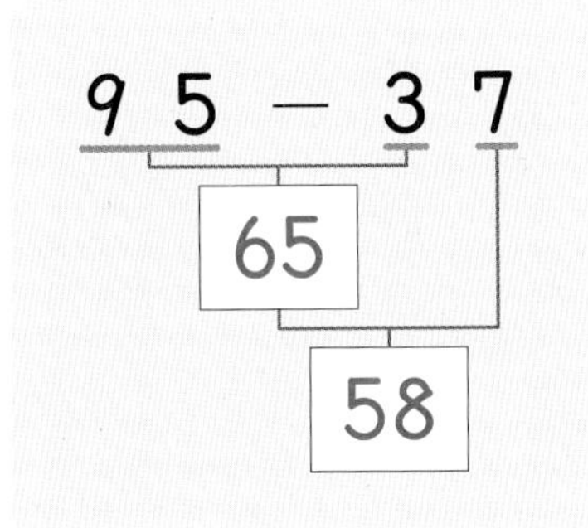

❶ 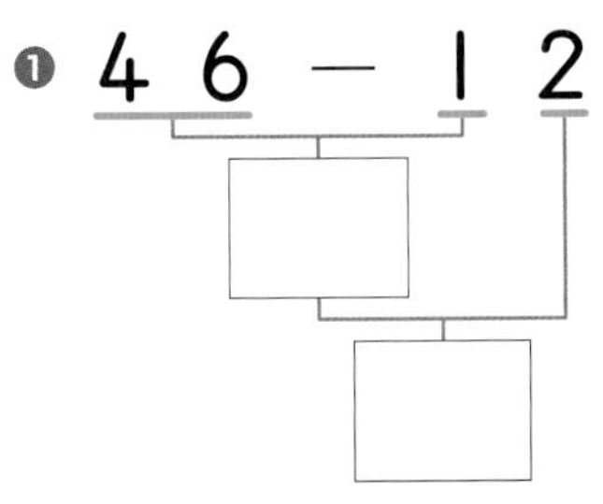

❷ 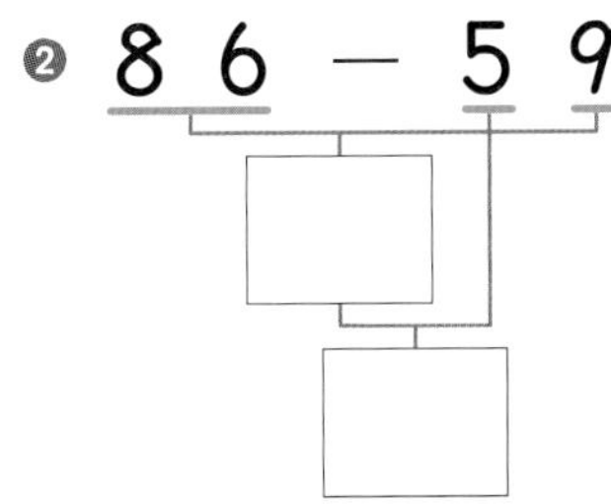

❸ 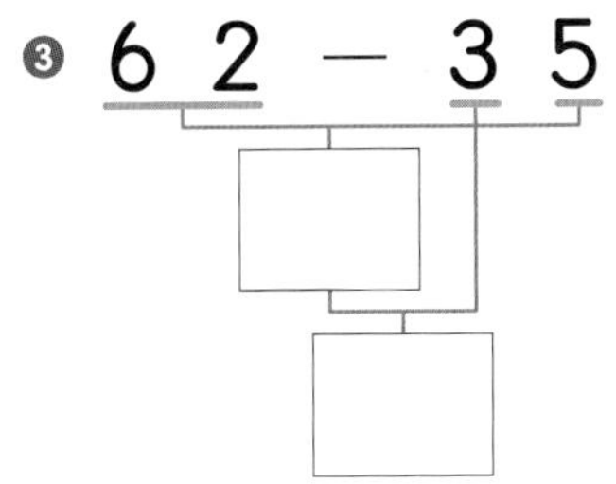

❹ 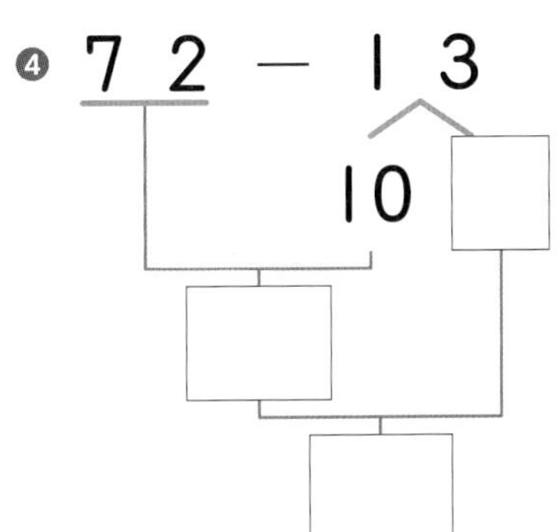

❺ 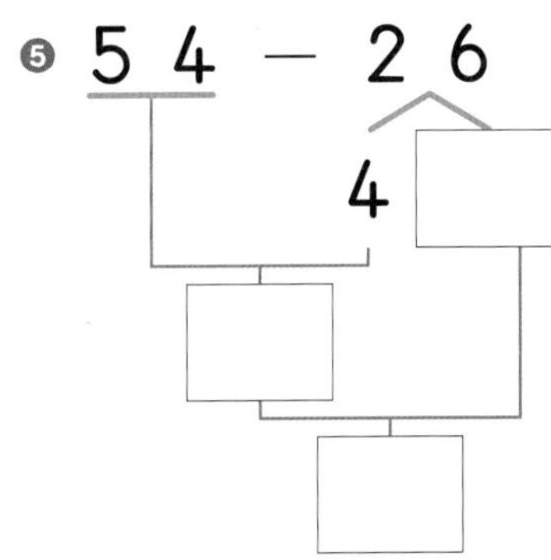

❻ 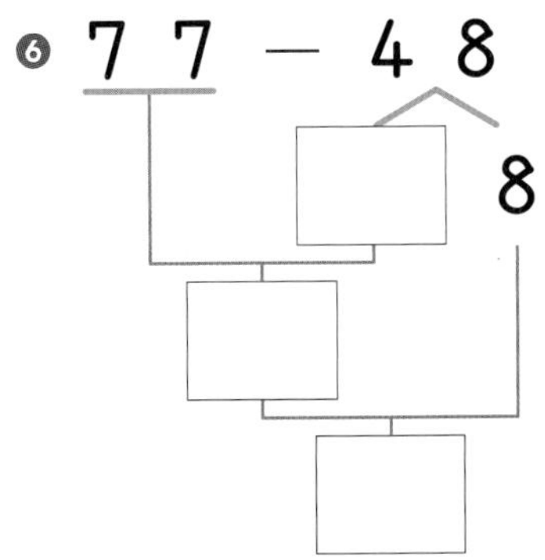

❼ 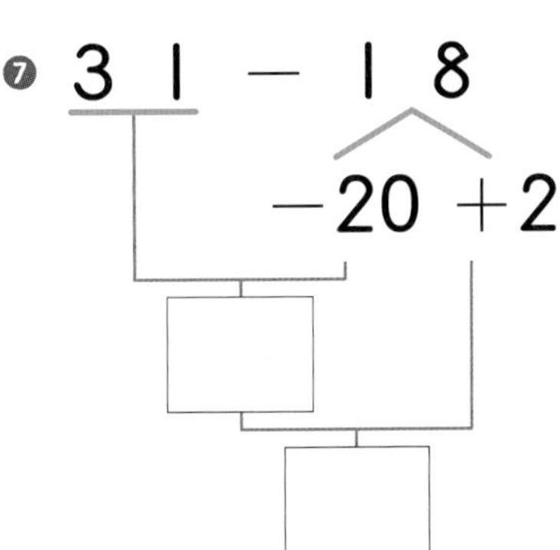

❽ 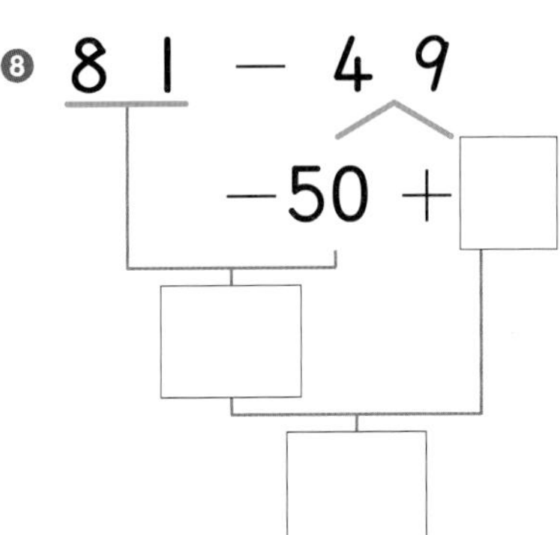

440 가로 뺄셈

◐ 여러 가지 방법으로 뺄셈을 한 것입니다. □ 안에 알맞은 수를 써넣으시오.

$87-45$
$=80+7-\boxed{40}-5$
$=40+\boxed{2}$
$=\boxed{42}$

80에서 40을 빼고 7에서 5를 뺀 다음 두 계산 결과를 더합니다.

❶ $81-37$
$=81-\square-36$
$=80-\square$
$=\square$

81에서 1을 먼저 뺀 다음 그 결과에서 36을 뺍니다.

❷ $74-58$
$=74-\square-8$
$=\square-8$
$=\square$

74에서 50을 먼저 뺀 다음 그 결과에서 8을 뺍니다.

❸ $53-28$
$=53-\square+2$
$=\square+2$
$=\square$

53에서 30을 뺀 다음 그 결과에 2를 더합니다.

여러 가지 방법으로 뺄셈을 한 것입니다. □ 안에 알맞은 수를 써넣으시오.

$74-38$
$=74-\boxed{40}+2$
$=\boxed{34}+2$
$=\boxed{36}$

❶ $63-36$
$=63-\square-6$
$=\square-6$
$=\square$

❷ $42-27$
$=42-\square-25$
$=\square-25$
$=\square$

❸ $81-49$
$=81-\square+1$
$=\square+1$
$=\square$

❹ $97-15$
$=90+7-10-\square$
$=80+\square$
$=\square$

❺ $51-28$
$=51-\square-8$
$=\square-8$
$=\square$

잘 공부했는지 알아봅시다

월 일

1 여러 가지 덧셈 방법으로 계산한 것입니다. □ 안에 알맞은 수를 써넣으시오.

❶ $48+34=\square$

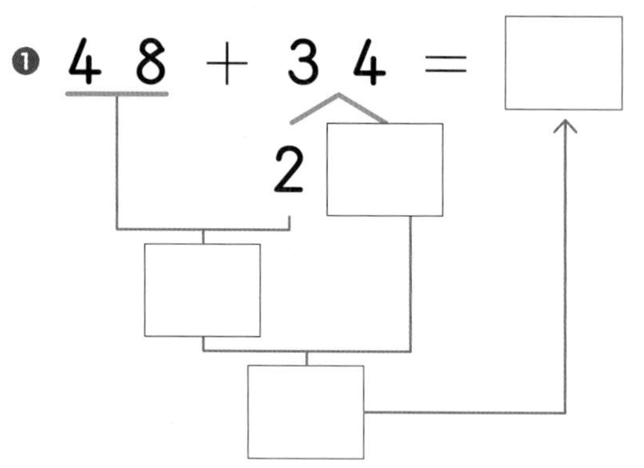

❷ $63+29=\square$

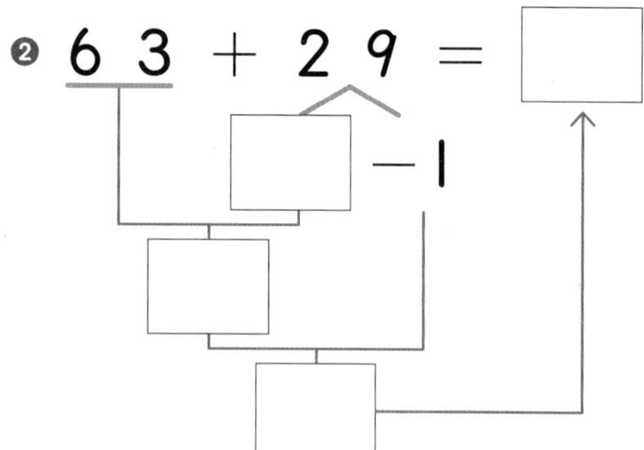

2 62−19를 여러 가지 방법으로 계산하려고 합니다. □ 안에 알맞은 말을 써넣으시오.

$62-19=62-\square+1$
$=\square+1$
$=\square$

$62-19=62-2-\square$
$=60-\square$
$=\square$

3 56−29를 다음과 같이 두 수에 각각 1을 더해서 57과 30으로 만든 후 뺄셈을 하였습니다. 같은 방법으로 다음 뺄셈을 하시오.

$56-29=57-30=27$ (+1, +1)

77−39

7 식으로 표현하기

441 수직선 식 세우기

◐ 다음을 식으로 나타내고, 빈칸에 알맞은 수를 써넣으시오.

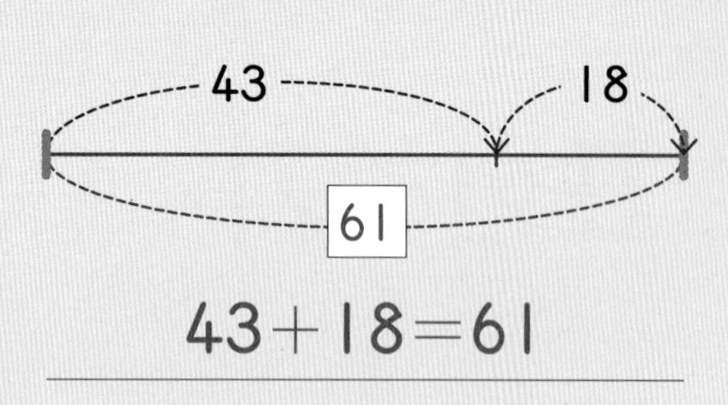

43+18=61

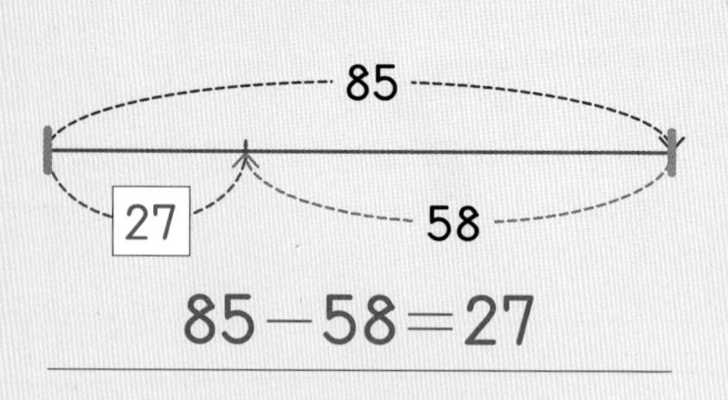

85−58=27

❶

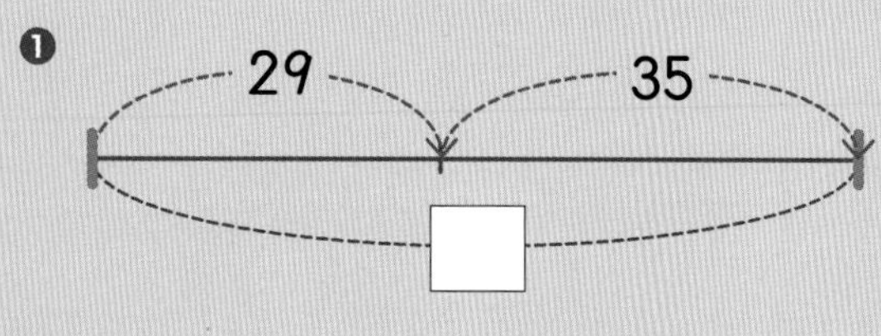

❷

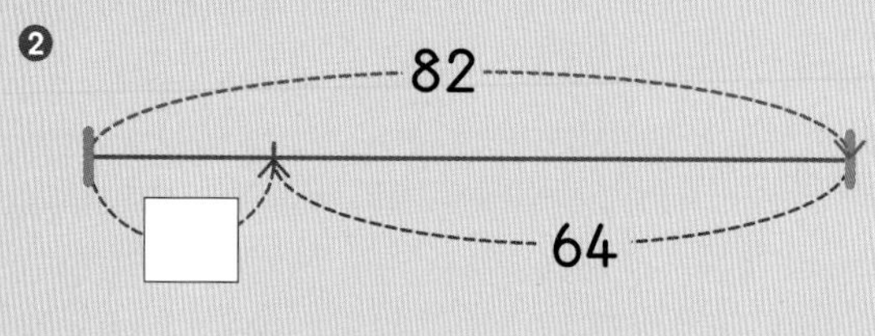

❸

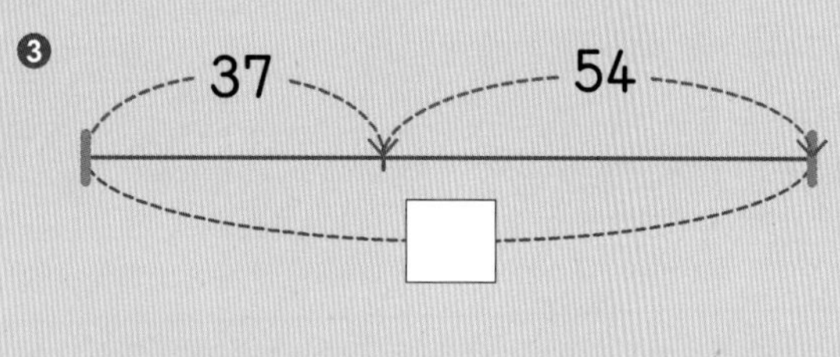

❹

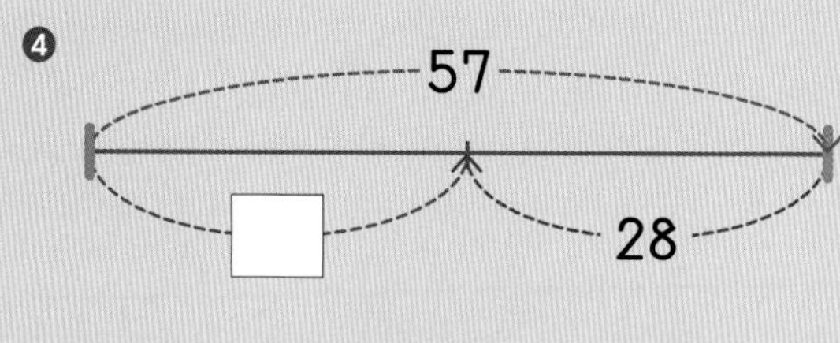

❺

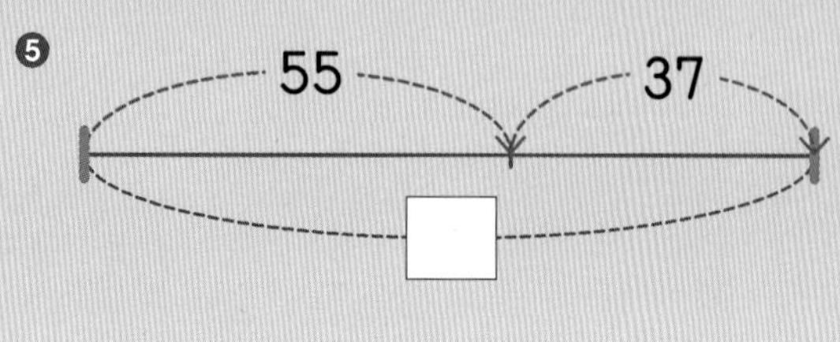

❻

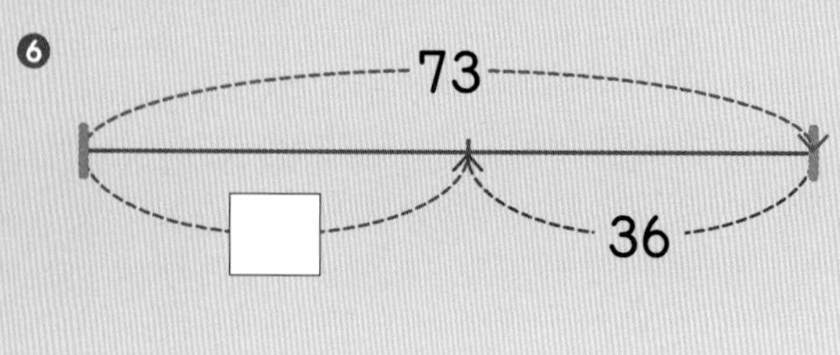

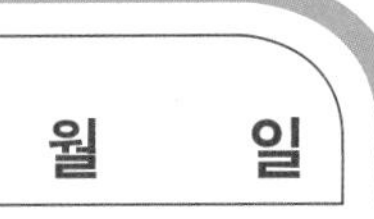

다음을 □가 있는 식으로 나타내고, 수직선의 빈칸에 알맞은 수를 써넣으시오.

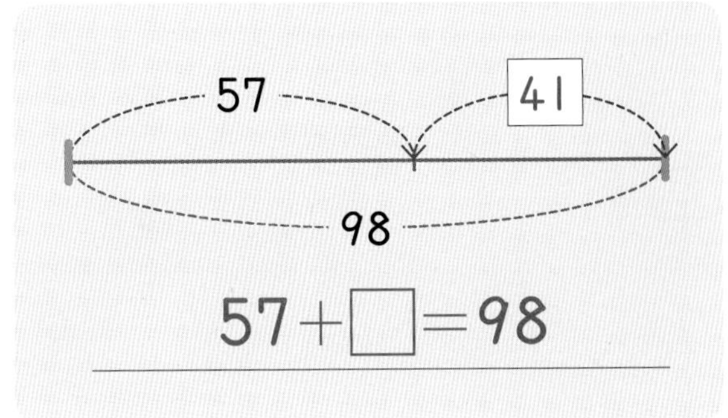

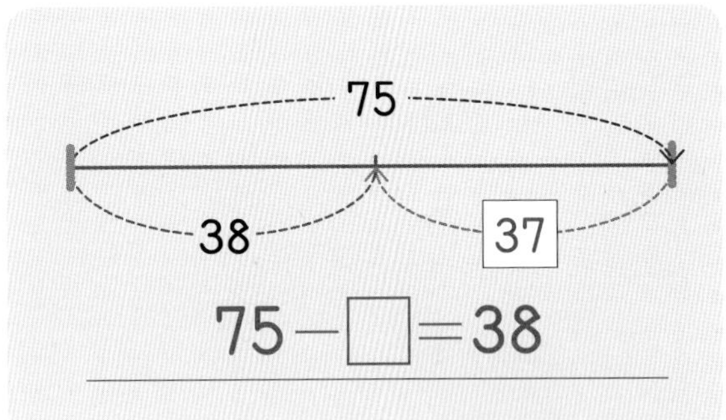

❶

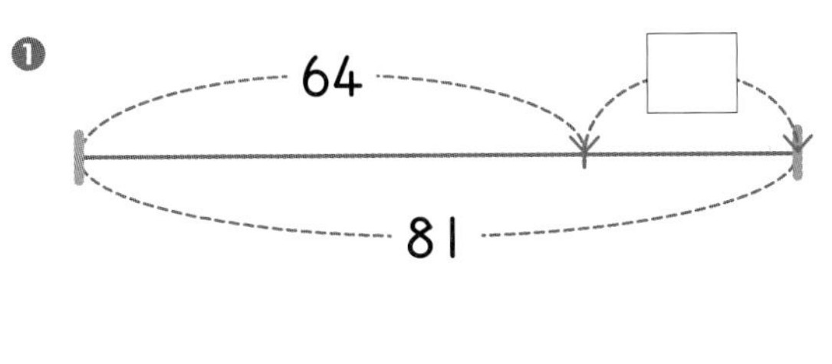

❷

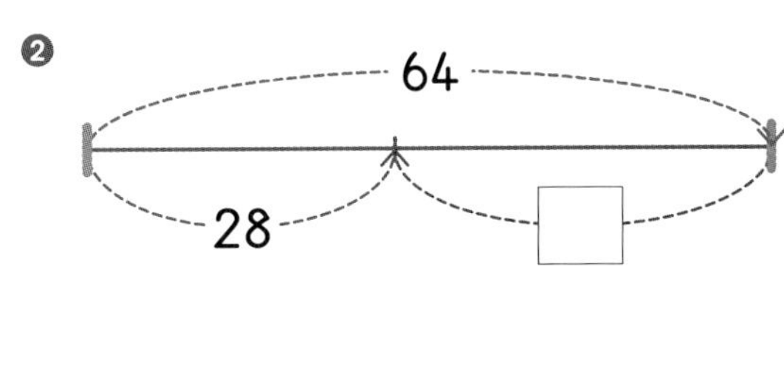

❸

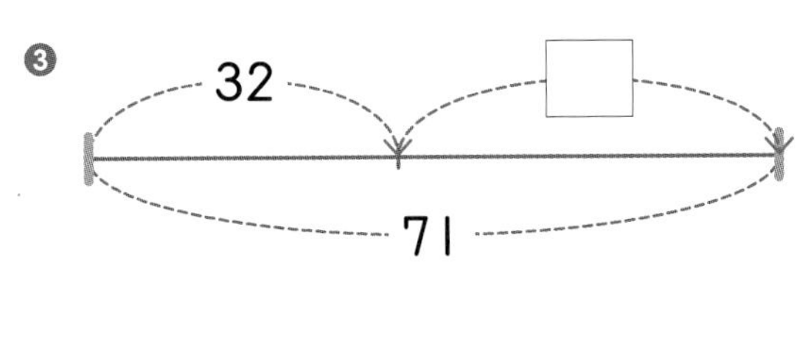

❹

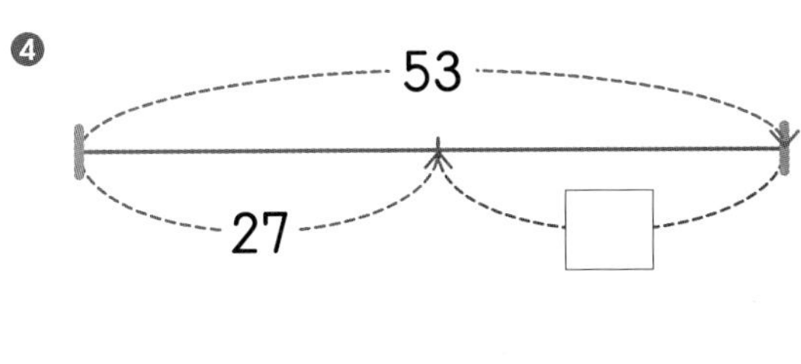

❺

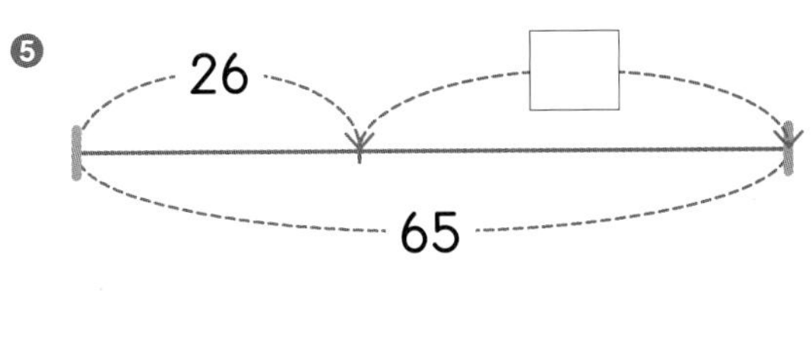

❻

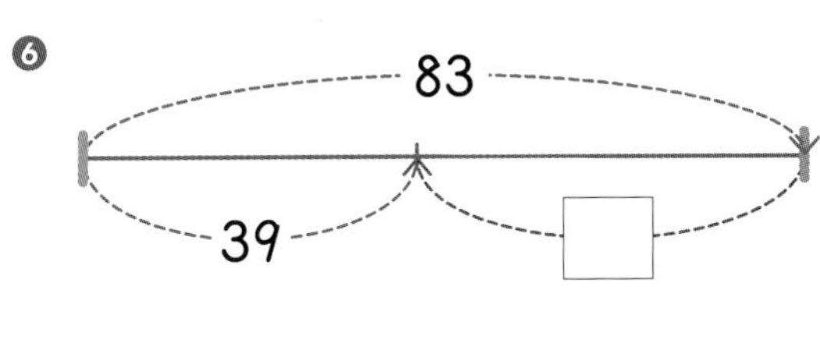

442 벌레셈 문장제

◐ 벌레셈의 □ 안에 알맞은 수를 써넣으시오.

(예시)

$$\begin{array}{r} \boxed{4}\ 6 \\ +\ 1\ \boxed{5} \\ \hline 6\ 1 \end{array}$$

❶
$$\begin{array}{r} 6\ \square \\ +\ \square\ 4 \\ \hline 9\ 7 \end{array}$$

❷
$$\begin{array}{r} 5\ 6 \\ +\ 1\ \square \\ \hline \square\ 4 \end{array}$$

❸
$$\begin{array}{r} 4\ \square \\ +\ \square\ 5 \\ \hline 7\ 4 \end{array}$$

❹
$$\begin{array}{r} \square\ 1 \\ +\ 4\ \square \\ \hline 9\ 3 \end{array}$$

❺
$$\begin{array}{r} 4\ 6 \\ +\ \square\ 7 \\ \hline 6\ \square \end{array}$$

❻
$$\begin{array}{r} 7\ \square \\ -\ \square\ 2 \\ \hline 4\ 2 \end{array}$$

❼
$$\begin{array}{r} \square\ 3 \\ -\ 2\ \square \\ \hline 5\ 7 \end{array}$$

❽
$$\begin{array}{r} 9\ 5 \\ -\ \square\ 9 \\ \hline 2\ \square \end{array}$$

❾
$$\begin{array}{r} \square\ 2 \\ -\ 3\ \square \\ \hline 5\ 4 \end{array}$$

❿
$$\begin{array}{r} 7\ \square \\ -\ \square\ 6 \\ \hline 2\ 3 \end{array}$$

⓫
$$\begin{array}{r} 6\ 3 \\ -\ 1\ \square \\ \hline \square\ 8 \end{array}$$

◆ 벌레셈을 세우고 두 수를 구하시오.

일의 자리 숫자가 7인 두 자리 수와 십의 자리 숫자가 3인 두 자리 수의 합이 61입니다.

$$\begin{array}{r} \square\,7 \\ +\ 3\,\square \\ \hline 6\ 1 \end{array}$$

27, 34

❶ 십의 자리 숫자가 3인 두 자리 수에 일의 자리 숫자가 5인 두 자리 수를 더했더니 74가 되었습니다.

❷ 일의 자리 숫자가 4인 두 자리 수에서 십의 자리 숫자가 2인 두 자리 수를 뺐더니 28이 되었습니다.

❸ 일의 자리 숫자가 7인 두 자리 수에서 십의 자리 숫자가 1인 두 자리 수를 뺐더니 48이 되었습니다.

443 숫자 카드 조건

◐ 숫자 카드로 조건에 맞게 식을 만든 것입니다. 빈칸에 알맞은 수를 써넣으시오.

조건

만들 수 있는 두 자리 수 중
가장 큰 수와 가장 작은 수의 차

숫자 카드: 2, 5, 7, 4, 8

$$\begin{array}{r} 8\ 7 \\ -\ 2\ 4 \\ \hline 6\ 3 \end{array}$$

❶ **조건**

만들 수 있는 두 자리 수 중
가장 큰 수와 가장 작은 수의 차

숫자 카드: 1, 3, 5, 6, 9

$$\begin{array}{r} \square\ 6 \\ -\ 1\ \square \\ \hline \square\ \square \end{array}$$

❷ **조건**

만들 수 있는 두 자리 수 중
가장 큰 수와 가장 작은 수의 합

숫자 카드: 1, 2, 5, 6, 9

$$\begin{array}{r} 9\ \square \\ +\ \square\ 2 \\ \hline \square\ \square\ \square \end{array}$$

❸ **조건**

만들 수 있는 두 자리 수 중
가장 큰 수와 가장 작은 수의 합

숫자 카드: 3, 4, 6, 7, 8

$$\begin{array}{r} 8\ \square \\ +\ \square\ 4 \\ \hline \square\ \square\ \square \end{array}$$

✚ 주어진 숫자 카드를 사용하여 조건에 맞는 식과 답을 쓰시오.

조건

십의 자리 숫자가 7인 가장 작은 수와 십의 자리 숫자가 4인 가장 큰 수의 차

1	6	7	4	9

71－49＝22, 22

❶ **조건**

일의 자리 숫자가 4인 가장 큰 수와 십의 자리 숫자가 3인 가장 작은 수의 차

2	4	3	5	8

❷ **조건**

십의 자리 숫자가 3인 가장 큰 수와 십의 자리 숫자가 6인 가장 작은 수의 합

3	5	9	6	2

❸ **조건**

일의 자리 숫자가 4인 가장 작은 수와 십의 자리 숫자가 7인 가장 큰 수의 합

444 세 수 문장제

◐ 문제에 맞게 □ 안에 알맞은 수를 써넣으시오.

어머니께서 사탕 24개를 사오셨고, 아버지께서 어머니보다 11개 더 많이 사오셨습니다. 어머니와 아버지께서 사오신 초콜릿은 모두 몇 개입니까?

식 : 24 + 24 + 11 = 59 (개)

❶ 22명이 타고 있던 버스에 첫 번째 정류장에서 15명이 타고, 두 번째 정류장에서 17명이 탔습니다. 버스에 타고 있는 사람은 모두 몇 명입니까?

식 : □ + □ + □ = □ (명)

❷ 빨간색 색종이가 12장 있고, 노란색 색종이는 빨간색 색종이보다 49장 더 많습니다. 색종이는 모두 몇 장입니까?

식 : □ + □ + □ = □ (장)

❸ 상자에 초콜릿 91개가 있습니다. 아몬드 초콜릿이 51개, 밀크 초콜릿이 12개이고 나머지는 모두 다크 초콜릿입니다. 다크 초콜릿은 몇 개입니까?

식 : □ − □ − □ = □ (개)

❹ 선재는 빨간색 구슬 37개, 파란색 구슬 26개를 가지고 있었습니다. 누나에게 구슬을 17개 주었습니다. 선재가 가지고 있는 구슬은 모두 몇 개입니까?

식 : □ + □ − □ = □ (개)

⊕ 문제를 읽고 알맞은 식과 답을 쓰시오.

학급 문고를 만들기 위해 책을 모았습니다. 어제는 22권을 모았고, 오늘은 어제보다 38권을 더 모았습니다. 모두 몇 권이 되었습니까?

식 : 22+22+38=82 답 : 82 권

❶ 딱지를 현우는 49개, 민주는 30개, 소연이는 18개를 모았습니다. 세 사람이 모은 딱지는 모두 몇 개입니까?

식 : ______________ 답 : ______ 개

❷ 유진이는 어제 영어 단어 36개를 외웠고, 오늘은 어제보다 19개를 더 외웠습니다. 유진이가 2일 동안 외운 영어 단어는 모두 몇 개입니까?

식 : ______________ 답 : ______ 개

❸ 음악실에 1인용, 2인용, 3인용 의자가 모두 60개 있습니다. 1인용 의자가 20개, 2인용 의자가 14개가 있다면, 3인용 의자는 모두 몇 개입니까?

식 : ______________ 답 : ______ 개

❹ 귤 한 상자에는 귤이 모두 83개 들어 있습니다. 민지 어머니께서는 앞집에 귤 45개를 주시고, 옆집에 23개를 주셨습니다. 남은 귤은 모두 몇 개입니까?

식 : ______________ 답 : ______ 개

잘 공부했는지 알아봅시다

월 일

1 다음을 □가 있는 식으로 나타내고 빈칸에 알맞은 수를 써넣으시오.

❶

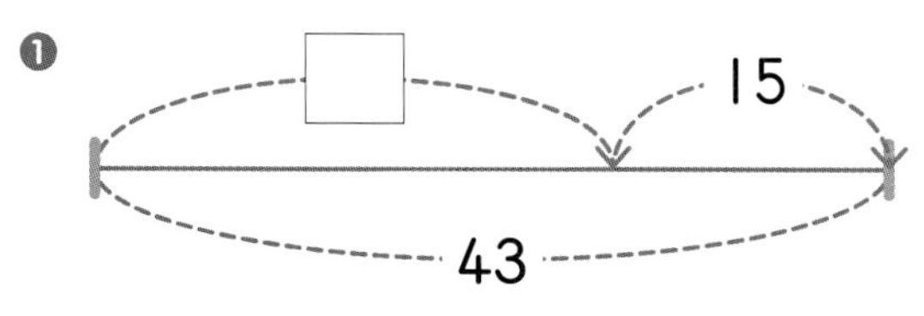

❷

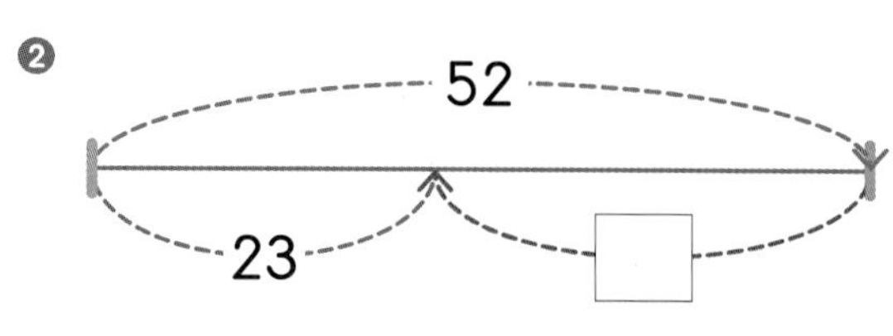

2 민주와 슬기는 각자 가지고 있는 세 장의 숫자 카드 중에서 두 장으로 가장 큰 두 자리 수를 만들었습니다. 만든 두 수를 더한 값을 구하시오.

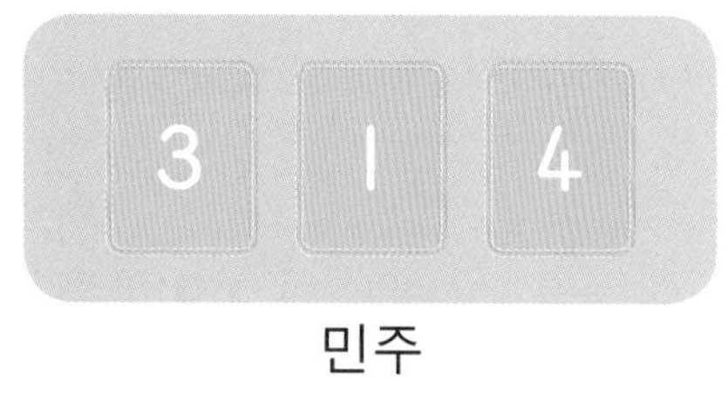

민주

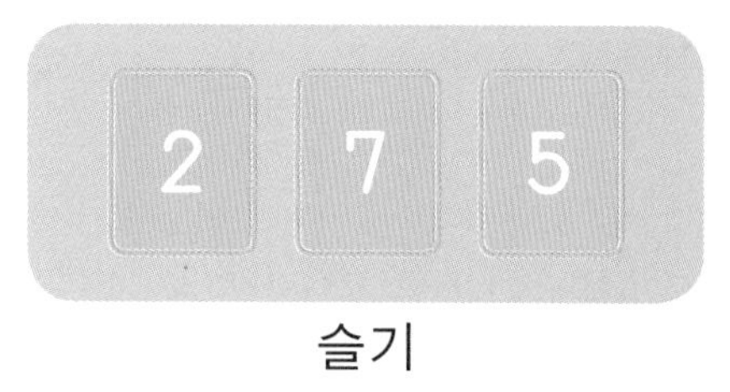

슬기

3 다음과 같이 일의 자리 숫자가 **8**인 두 자리 수와 십의 자리 숫자가 **4**인 두 자리 수가 있습니다. 이 두 수의 합이 **73**일 때 두 수를 각각 구하시오.

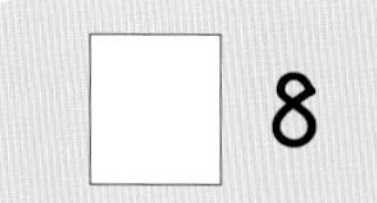

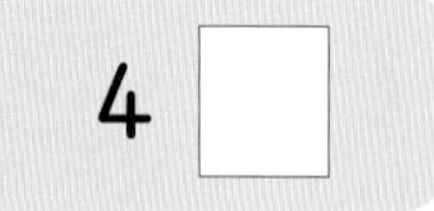

4 바구니에 사탕이 **42**개 들어 있습니다. 그중 **15**개를 먹고 **28**개를 더 넣었습니다. 지금 바구니에 들어 있는 사탕은 몇 개입니까?

식 : ______________ 답 : ______ 개

8 문해결 연산

445 거꾸로셈

◐ ◯ 안에 + 또는 −를, □ 안에는 알맞은 수를 써넣으시오.

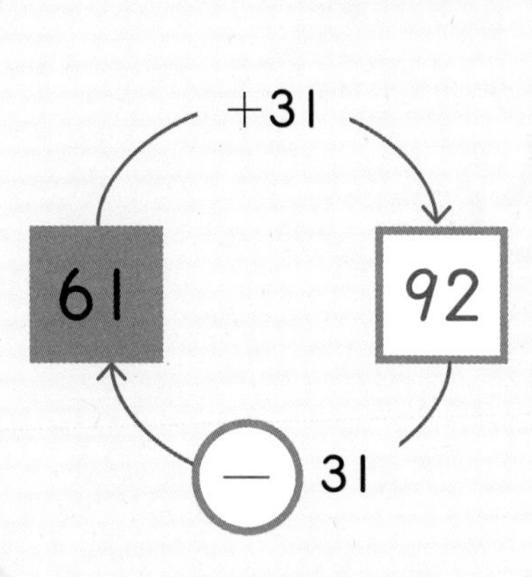

❶
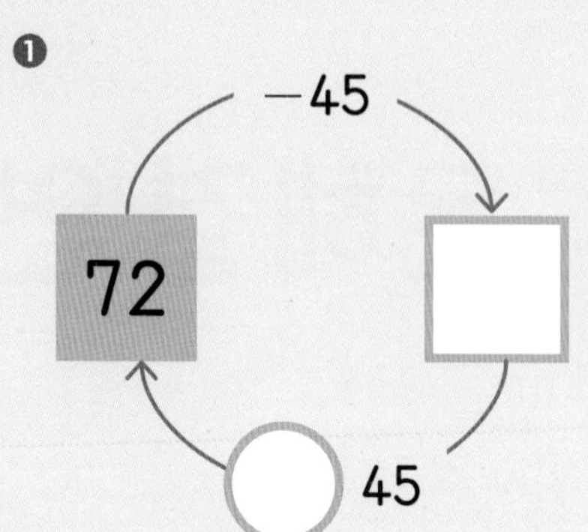

❷
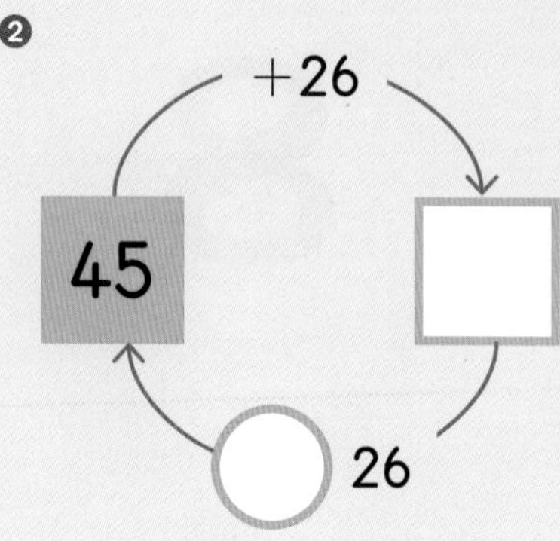

❸
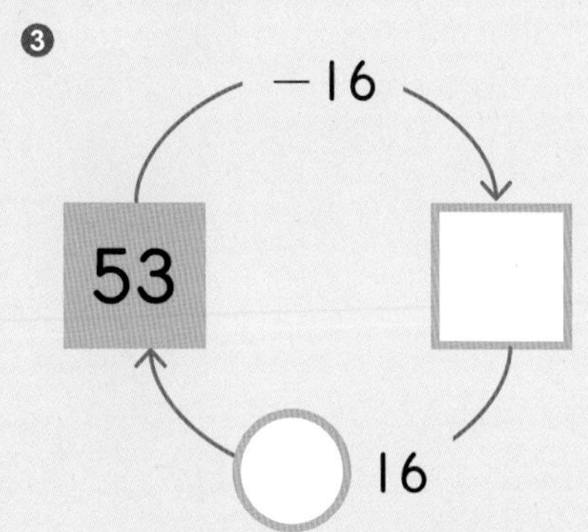

❹
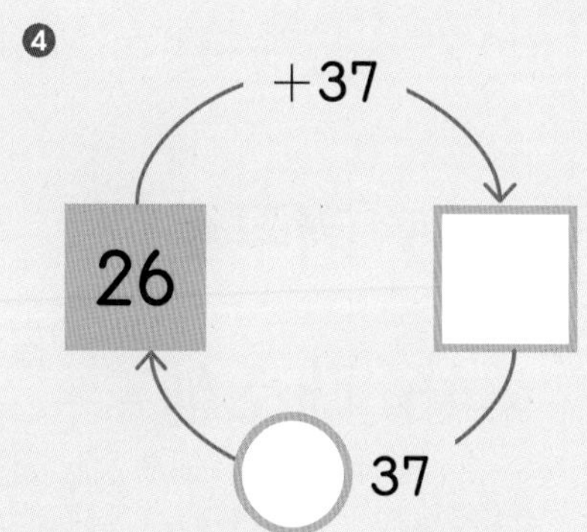

❺
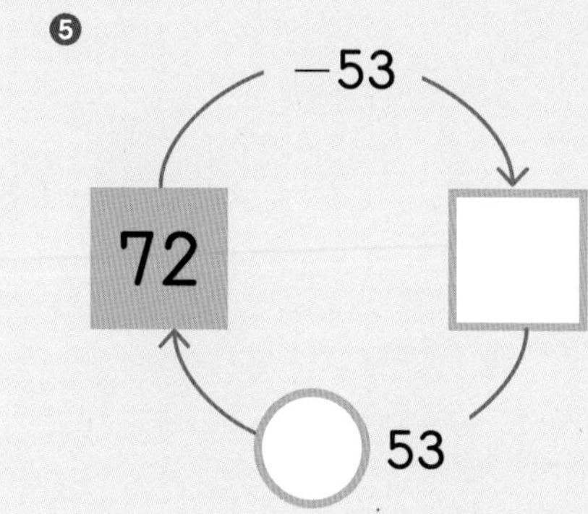

❻
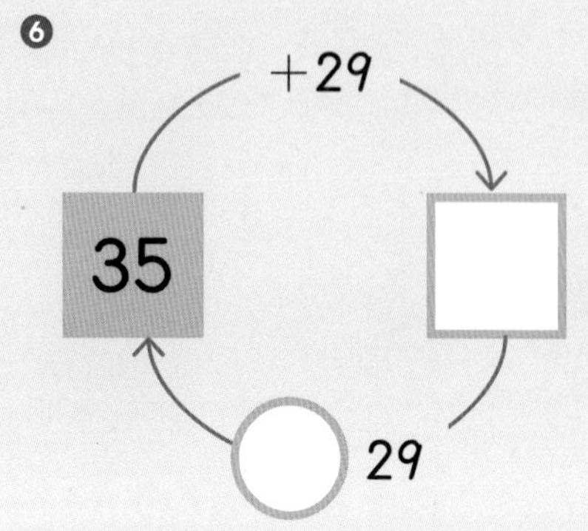

❼
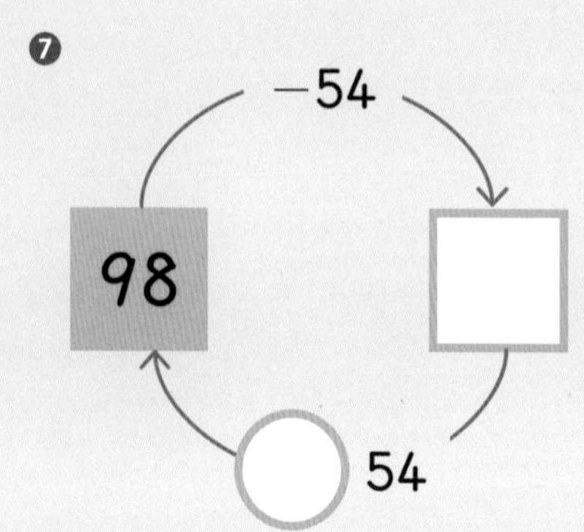

❽
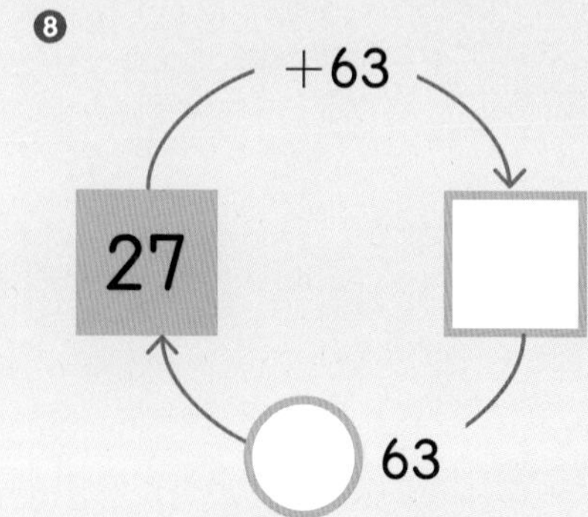

빈칸에 알맞은 수를 써넣으시오.

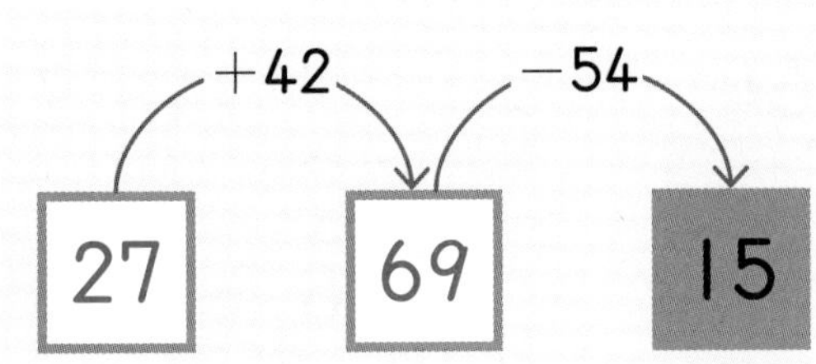

❶
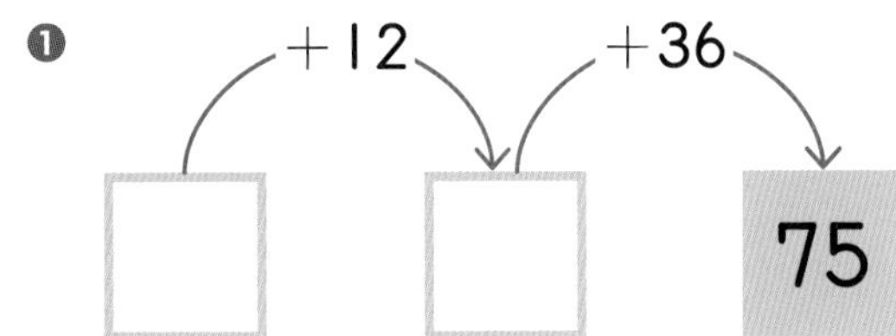

❷
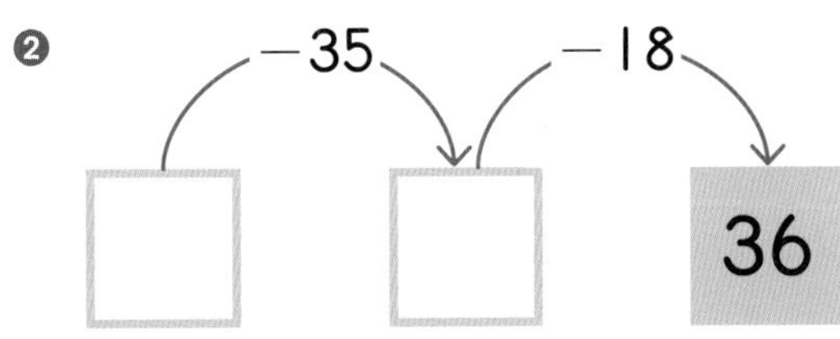

❸
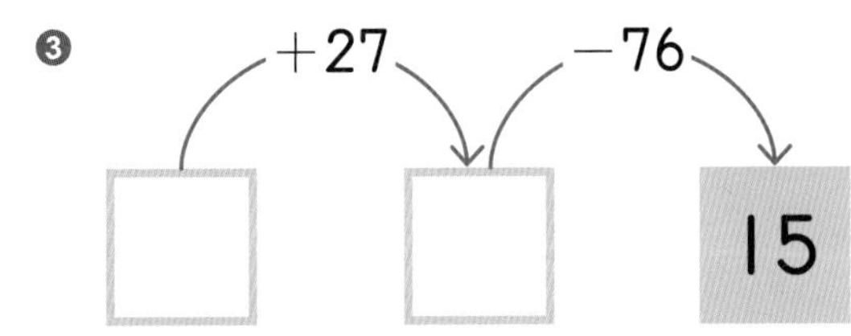

❹
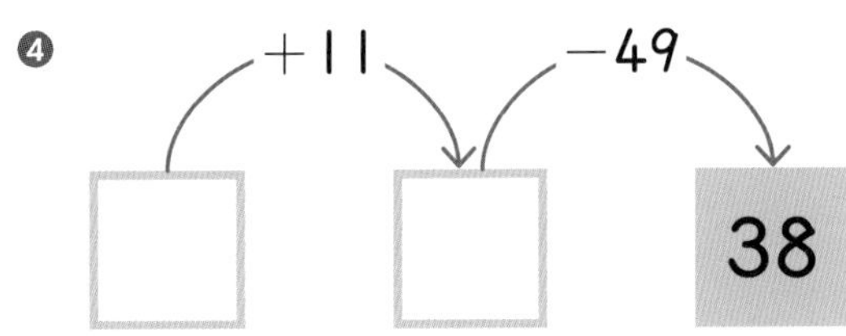

❺
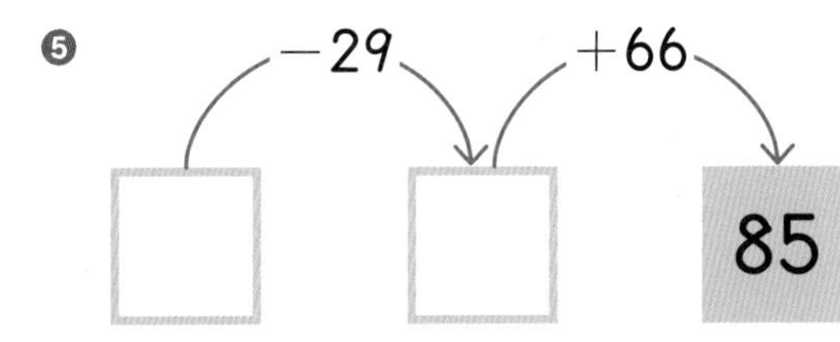

❻
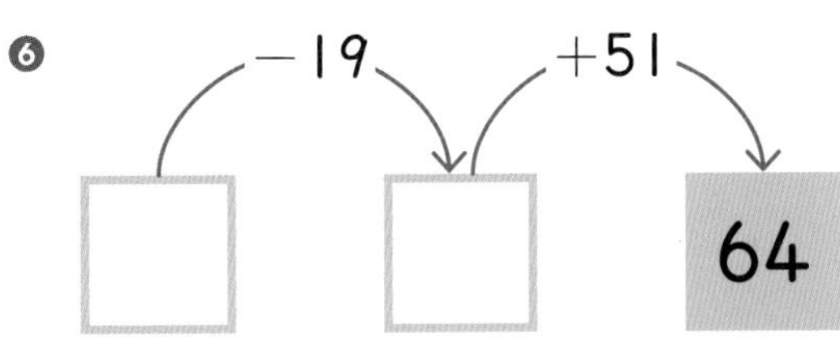

❼
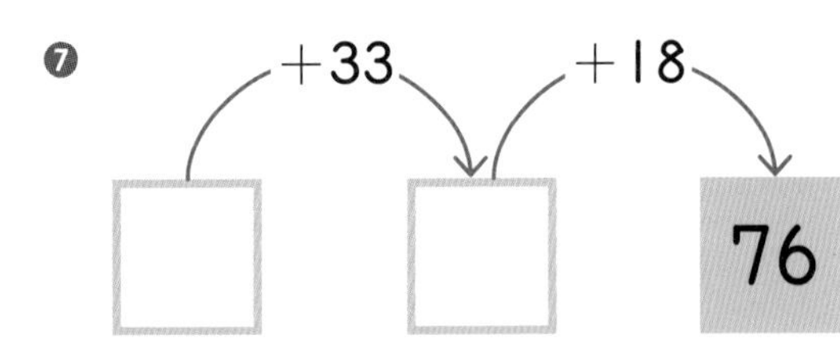

❽
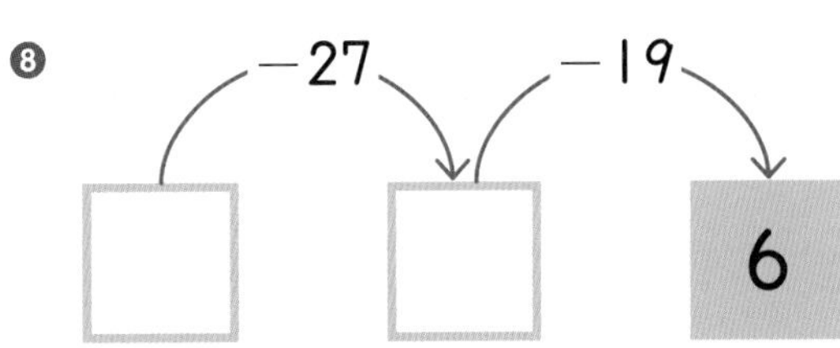

❾
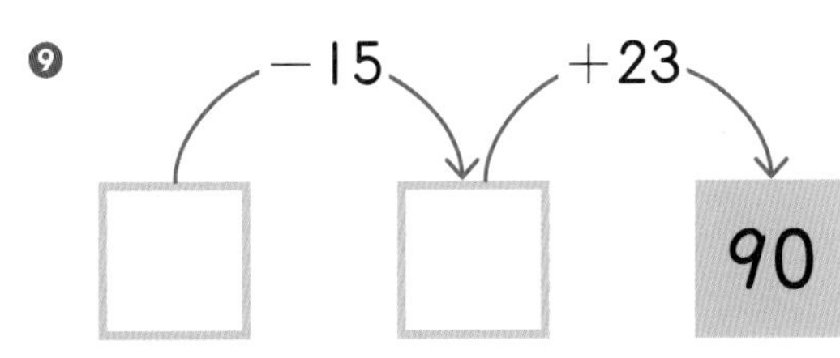

446

대소셈

◐ □ 안에 들어갈 수 있는 수에 ○표 하시오.

$55+\square<82$

(26) 27 28

❶ $36+\square>64$

27 28 29

❷ $\square+74<91$

16 17 18

❸ $\square+49>96$

46 47 48

❹ $21+\square<58$

36 37 38

❺ $18+\square>75$

56 57 58

❻ $86-\square<42$

43 44 45

❼ $70-\square>39$

30 31 32

❽ $\square-62<29$

90 91 92

❾ $\square-24>38$

61 62 63

❿ $92-\square<47$

44 45 46

⓫ $63-\square>29$

33 34 35

◆ ■ 안에 들어갈 수 있는 수 중에서 가장 큰 수를 □ 안에 쓰시오.

$37+■<53$

15

❶ 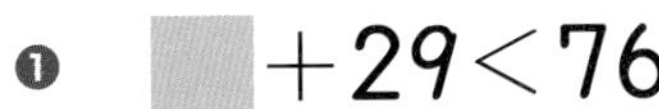

$■+29<76$

❷ $45+■<81$

❸ $60-■>27$

❹ $■-42<18$

❺ $91-■>65$

◆ ■ 안에 들어갈 수 있는 수 중에서 가장 작은 수를 □ 안에 쓰시오.

$52+■>81$

30

❻ $■+25>51$

❼ $17+■>51$

❽ $73-■<28$

❾ 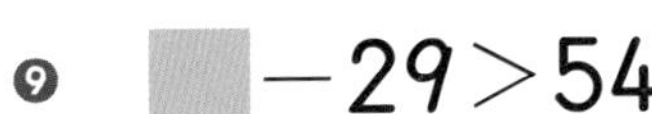

$■-29>54$

❿ 

$56-■<38$

447 복면셈

◐ 같은 모양에는 같은 숫자, 다른 모양에는 다른 숫자가 들어갑니다. 빈칸에 알맞은 수를 써넣으시오.

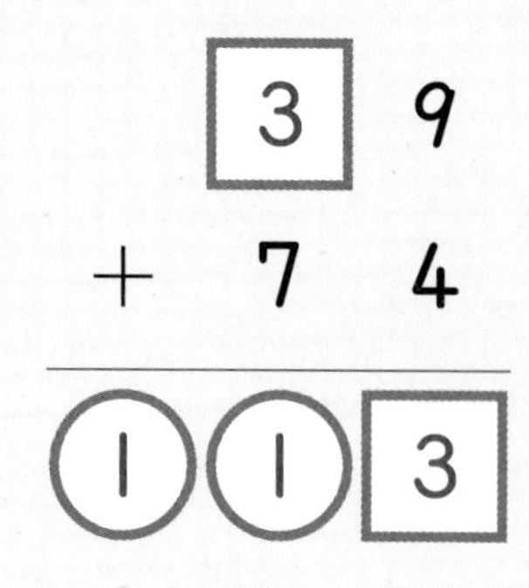

❶ 64 + □8 = ○□

❷ ○3 + 6□ = □0○

❸ 78 + 5□ = ○□○

❹ 45 + □2 = ○○□

❺ ○1 − 1□ = □6

❻ □2 − 1□ = ○7

❼ □2 − ○5 = ○□

❽ ○2 − 3○ = □○

같은 모양은 같은 숫자, 다른 모양은 다른 숫자를 나타냅니다. 각 모양이 나타내는 숫자를 구하시오.

$$\begin{array}{r} ★\ 6 \\ +\ 8\ ◆ \\ \hline ◆\ 5\ ★ \end{array}$$

★ = 7
◆ = 1

❶
$$\begin{array}{r} ★\ 9 \\ +\ ◆\ 5 \\ \hline 8\ ◆ \end{array}$$

★ = □
◆ = □

❷
$$\begin{array}{r} ◆\ ★ \\ +\ ◆\ 5 \\ \hline ★\ 2 \end{array}$$

★ = □
◆ = □

❸
$$\begin{array}{r} ★\ ◆ \\ +\ 1\ ◆ \\ \hline ◆\ 2 \end{array}$$

★ = □
◆ = □

❹
$$\begin{array}{r} 9\ ★ \\ -\ ◆\ 7 \\ \hline ★\ 8 \end{array}$$

★ = □
◆ = □

❺
$$\begin{array}{r} ★\ ◆ \\ -\ 4\ 2 \\ \hline ◆\ 9 \end{array}$$

★ = □
◆ = □

❻
$$\begin{array}{r} ★\ 3 \\ -\ ◆\ ★ \\ \hline ◆\ 8 \end{array}$$

★ = □
◆ = □

❼
$$\begin{array}{r} ★\ 0 \\ -\ 1\ ◆ \\ \hline 6\ ◆ \end{array}$$

★ = □
◆ = □

448 최대합 최소차

◐ 숫자 카드를 사용하여 여러 가지 덧셈식을 만든 것입니다. 가장 큰 합에 ○표 하시오.

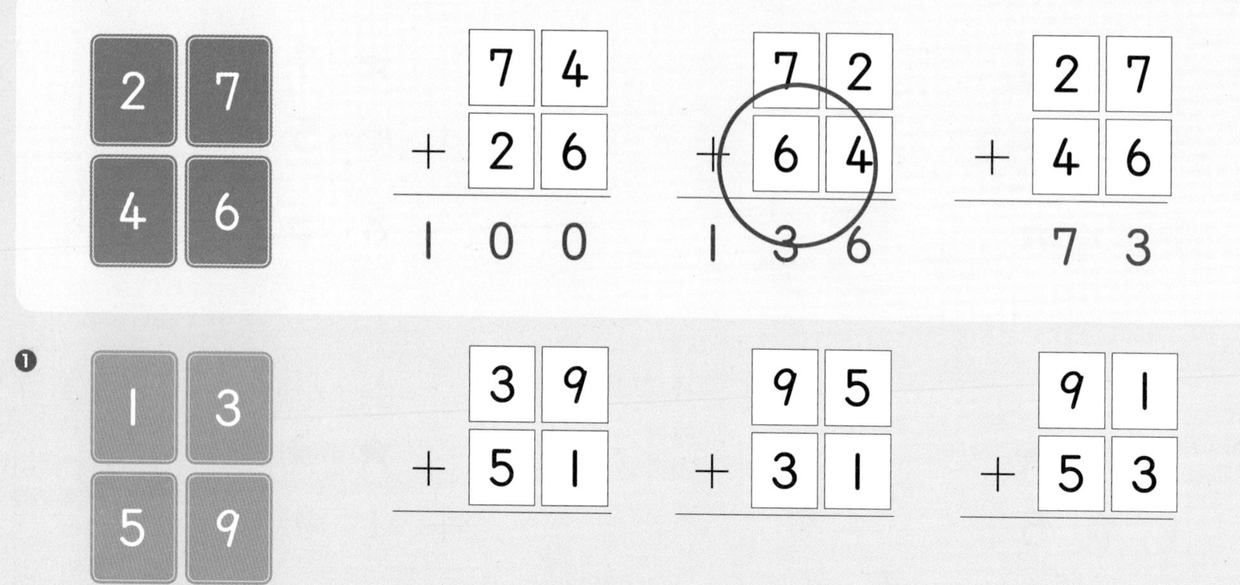

❶ 1, 3, 5, 9

$$\begin{array}{r} 39 \\ +\ 51 \\ \hline \end{array} \qquad \begin{array}{r} 95 \\ +\ 31 \\ \hline \end{array} \qquad \begin{array}{r} 91 \\ +\ 53 \\ \hline \end{array}$$

◐ 숫자 카드를 사용하여 여러 가지 뺄셈식을 만든 것입니다. 가장 작은 차에 ○표 하시오.

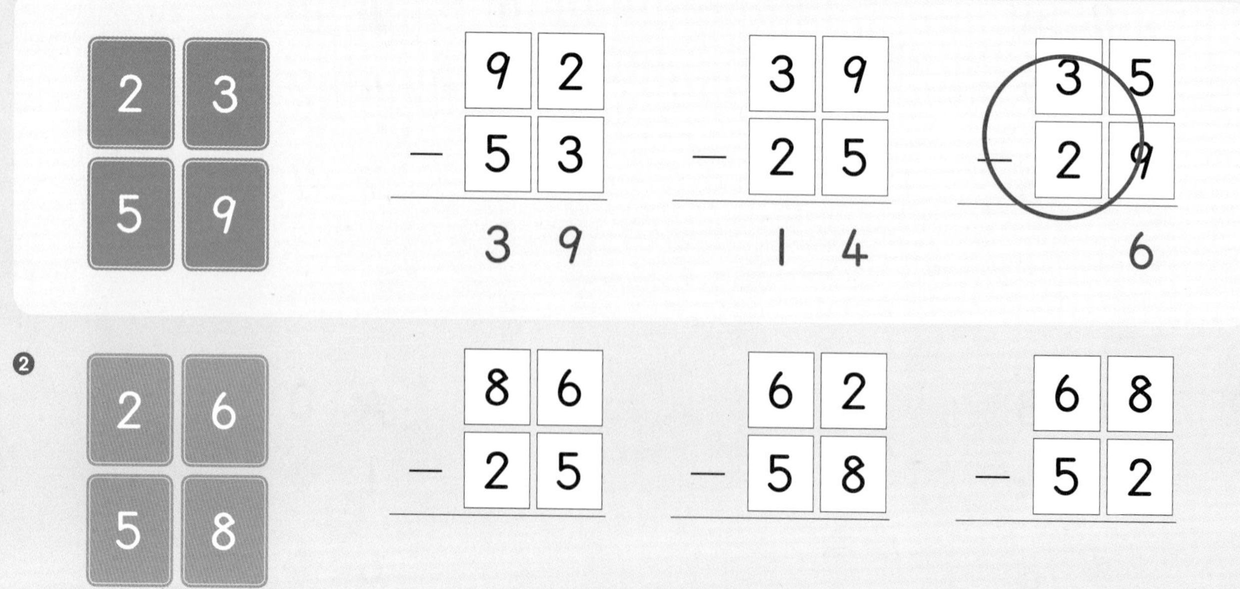

❷ 2, 6, 5, 8

$$\begin{array}{r} 86 \\ -\ 25 \\ \hline \end{array} \qquad \begin{array}{r} 62 \\ -\ 58 \\ \hline \end{array} \qquad \begin{array}{r} 68 \\ -\ 52 \\ \hline \end{array}$$

숫자 카드를 사용하여 두 자리 수끼리의 덧셈식과 뺄셈식을 만들어 가장 큰 합과 가장 작은 차를 구하시오.

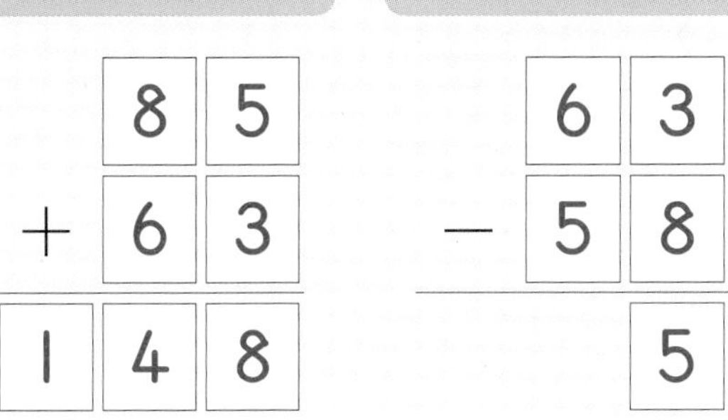

❶

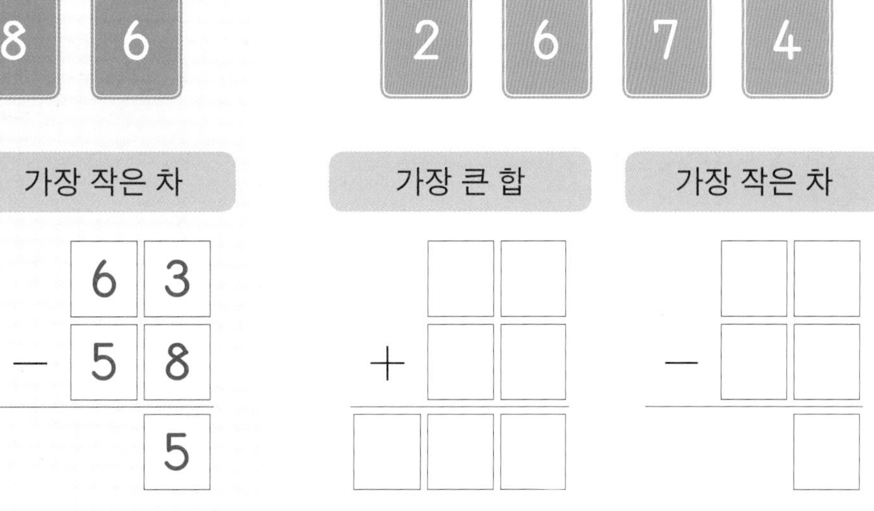

❷

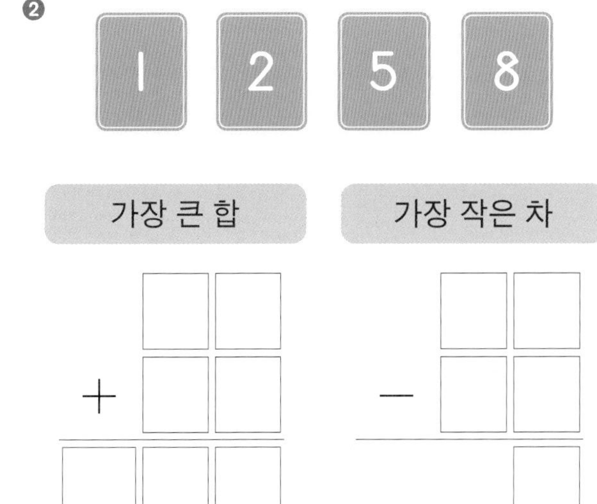

❸

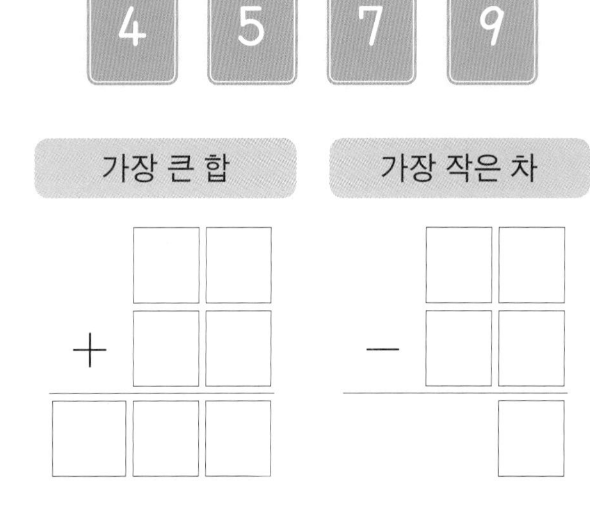

잘 공부했는지 알아봅시다

월 일

1 □ 안에 들어갈 수 있는 수 중 가장 큰 수를 구하시오.

$$33 < 51 - \square$$

2 같은 모양은 같은 숫자일 때, ♥에 알맞은 숫자를 구하시오.

$$\begin{array}{r} ♠\ 2 \\ -\ ♥\ 4 \\ \hline 3\ ♠ \end{array}$$

3 숫자 카드를 모두 사용하여 계산 결과가 가장 큰 덧셈식과 계산 결과가 가장 작은 뺄셈식을 만드시오.

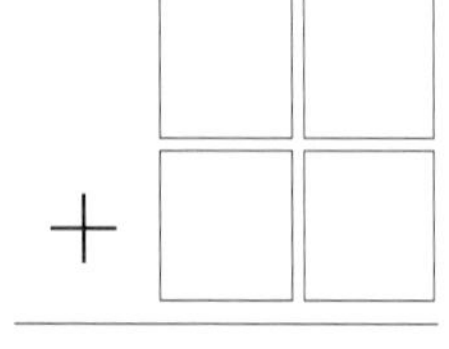

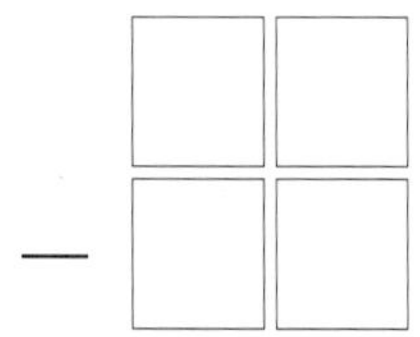

MEMO

MEMO

사고셈

정답 및 해설
Guide Book

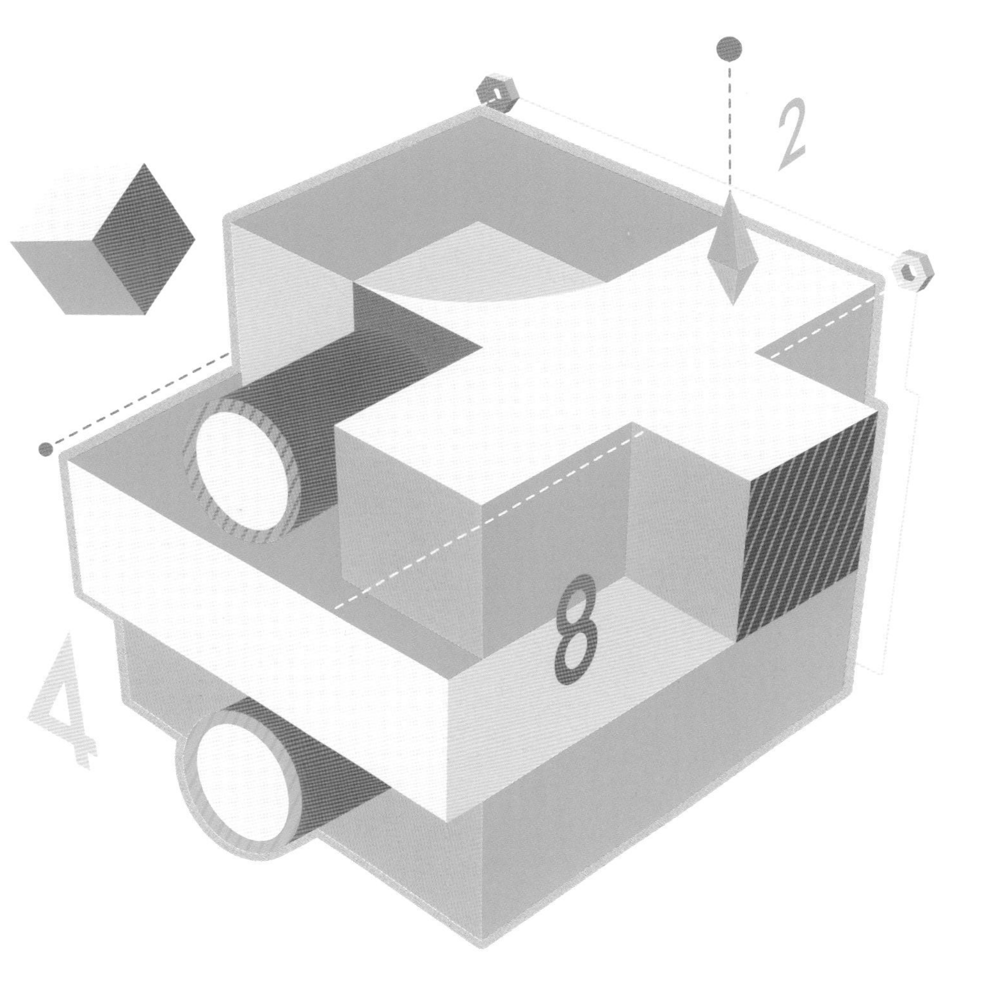

초등2 2호

두 자리 수의 덧셈과 뺄셈

NE 능률

417 세로 덧셈

● □ 안에 알맞은 수를 써넣으시오.

일의 자리 수끼리의 합이 10이거나 10보다 크면 10을 십의 자리로 받아올림해야 합니다. 따라서 십의 자리 위에 10에 해당하는 받아올림한 수 1을 쓰고 십의 자리 수를 계산할 때 더해 줍니다.

(예) [1] 36 + 17 = [5][3]

❶ [1] 48 + 37 = [8][5]

❷ [1] 56 + 25 = [8][1]

(예) 73 + 82 = [1][5][5]

❸ 67 + 51 = [1][1][8]

❹ 35 + 92 = [1][2][7]

(예) [1] 45 + 78 = [1][2][3]

❺ [1] 55 + 89 = [1][4][4]

❻ [1] 68 + 53 = [1][2][1]

❼ [1] 34 + 38 = [7][2]

❽ 27 + 91 = [1][1][8]

❾ [1] 45 + 78 = [1][2][3]

● 세로셈으로 고쳐 계산하시오.

(예) $24+19=\boxed{43}$ — [2][4] + [1][9] = [4][3]

❶ $37+82=\boxed{119}$ — [3][7] + [8][2] = [1][1][9]

❷ $76+87=\boxed{163}$ — [7][6] + [8][7] = [1][6][3]

❸ $37+56=\boxed{93}$ — [3][7] + [5][6] = [9][3]

❹ $82+64=\boxed{146}$ — [8][2] + [6][4] = [1][4][6]

❺ $92+68=\boxed{160}$ — [9][2] + [6][8] = [1][6][0]

❻ $37+24=\boxed{61}$ — [3][7] + [2][4] = [6][1]

❼ $84+92=\boxed{176}$ — [8][4] + [9][2] = [1][7][6]

❽ $54+69=\boxed{123}$ — [5][4] + [6][9] = [1][2][3]

418 갈림길

◐ 계산에 맞게 선을 그으시오.

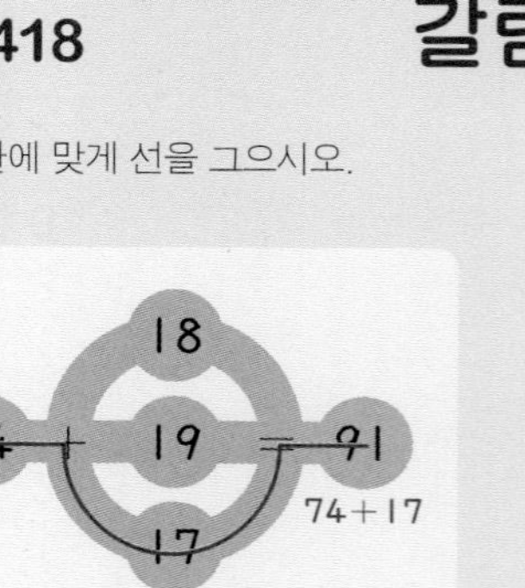

❶ 42 + 38 / 35 / 32 = 80 (42+38)

❷
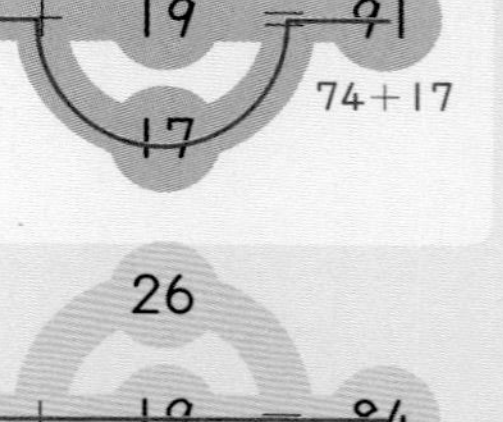
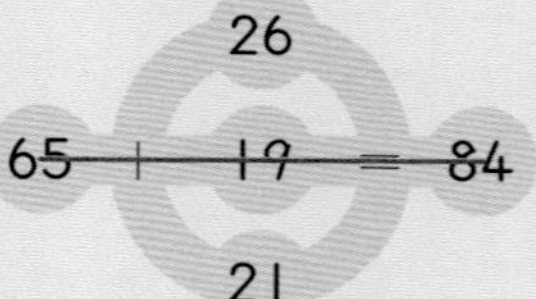
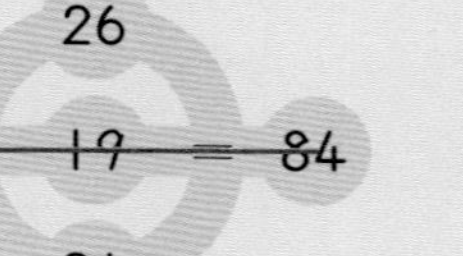

❸ 59 + 30 / 33 / 34 = 93

❹
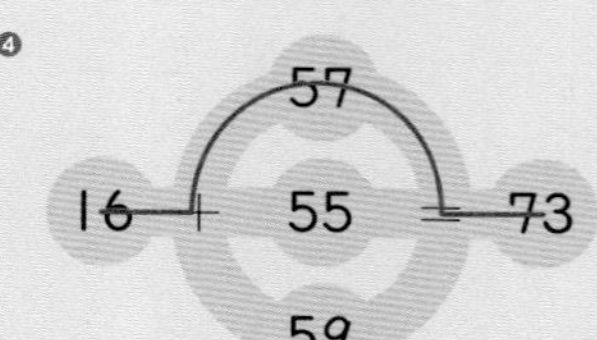
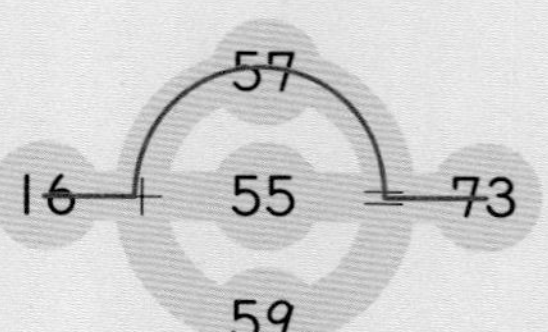

❺ 37 + 47 / 44 / 48 = 81

❻
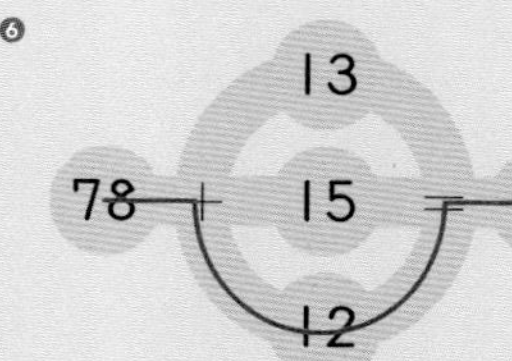
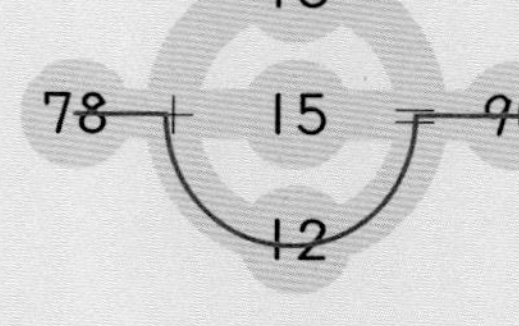

❼ 18 + 64 / 66 / 69 = 82

월 일

◑ 계산에 맞게 빈칸에 알맞은 수를 써넣으시오.

65 + 10 = 75 (65+10)
65 + 31 = 96 (65+31)
65 + 29 = 94 (65+29)

❶ 15 + 30 = 45 (15+30); 15 + 23 = 38 (15+23); 15 + 37 = 52 (15+37)

❷ 23 + 54 = 77; 23 + 57 = 80; 23 + 59 = 82

❸ 46 + 12 = 58; 46 + 24 = 70; 46 + 37 = 83

❹ 57 + 22 = 79; 57 + 34 = 91; 57 + 16 = 73

❺ 62 + 18 = 80; 62 + 24 = 86; 62 + 29 = 91

과녁셈

◐ 화살이 꽂힌 부분의 수의 합을 가운데 ○에 써넣으시오.

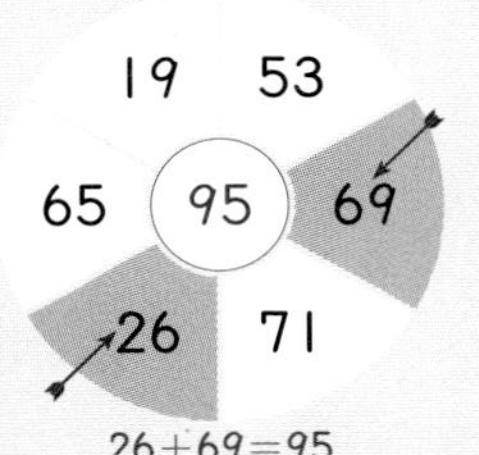

26+69=95

❶

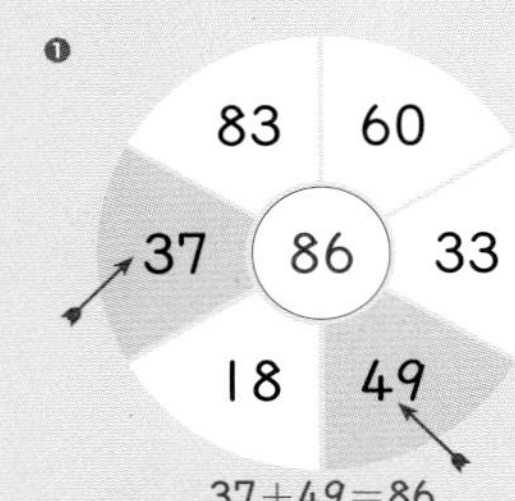
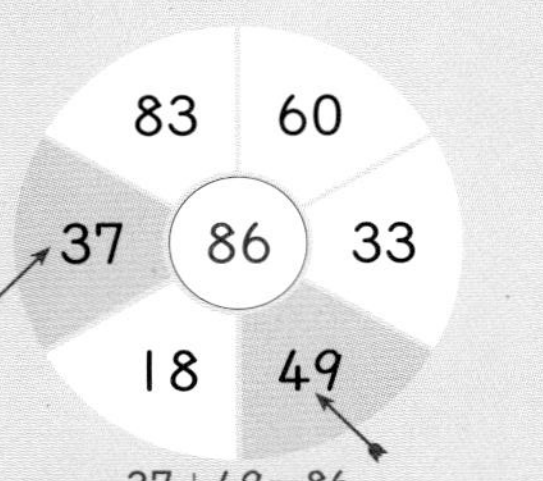

37+49=86

❷

45 74
58 91 12
37 46

❸

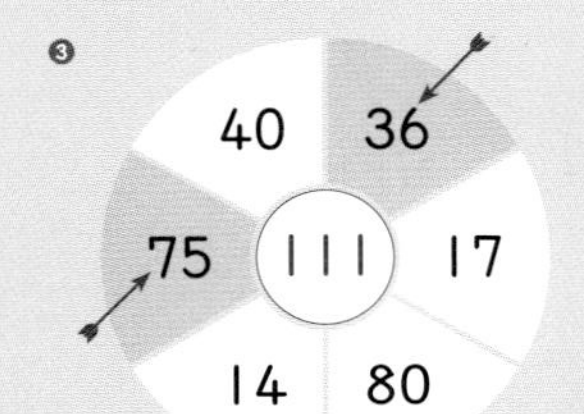

❹

67 16
87 79 93
63 12

❺

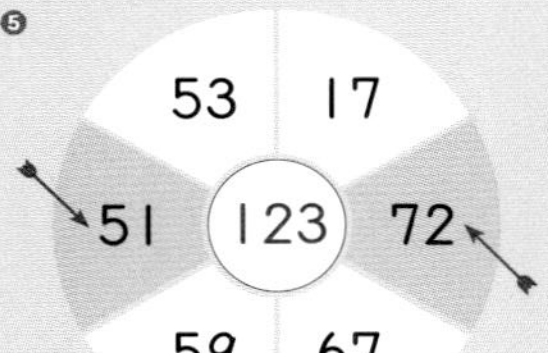
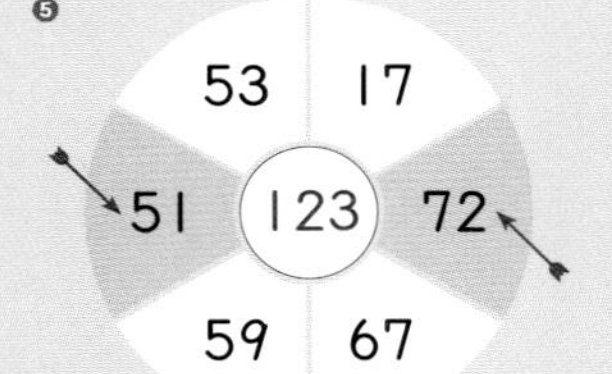

◐ 수의 합이 가운데 수가 되도록 두 수를 골라 ○표 하시오.

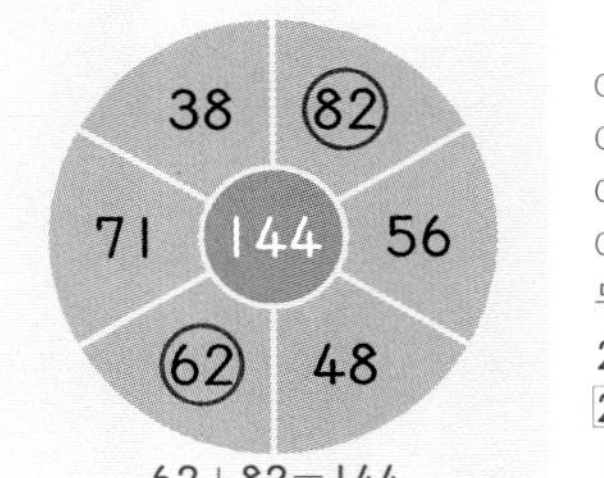

62+82=144

❶

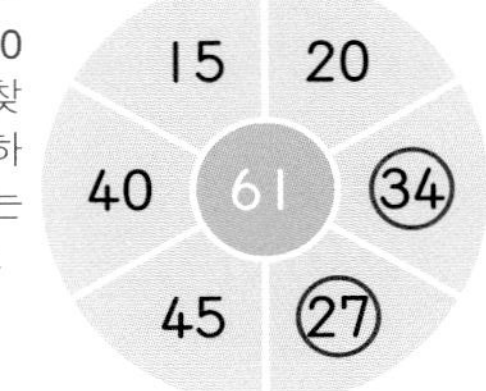

어림해서 합이 60이 되는 두 수를 찾아본 다음 계산하여 합이 61이 되는 두 수를 찾습니다.

20+40=60

27+34=61

15+45=60

❷

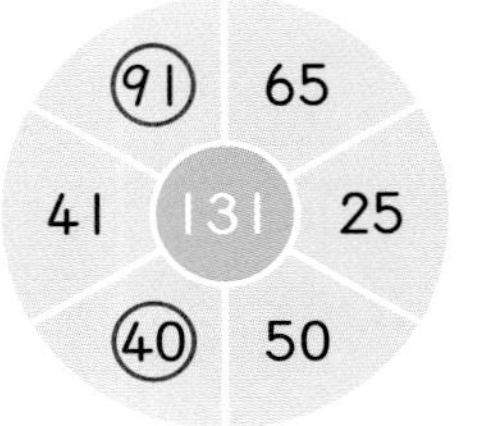

❸

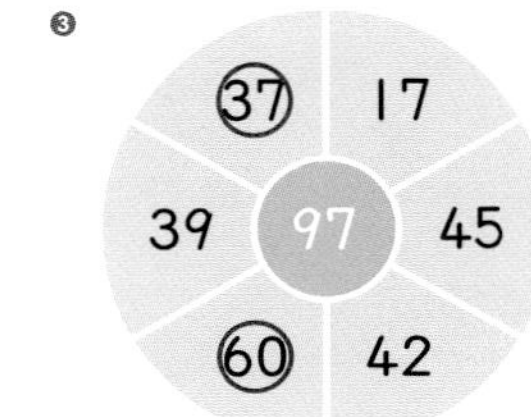

❹

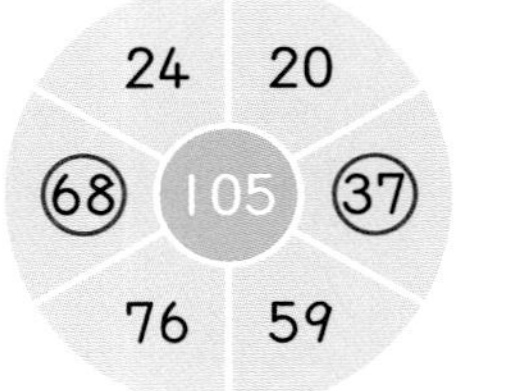

일의 자리 수끼리의 합이 5 또는 15가 되는 두 수를 찾아봅니다.

❺

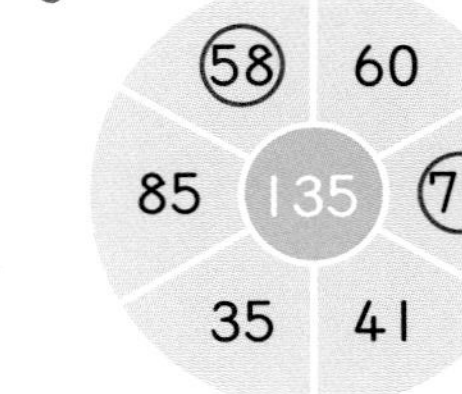
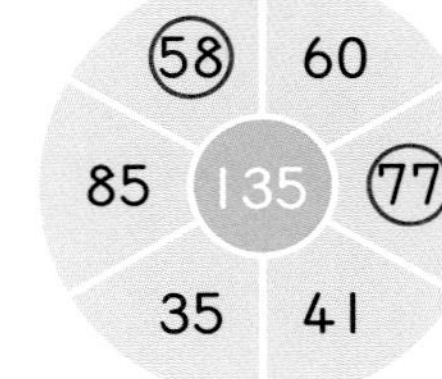

420 풍선 잇기

◐ 합이 ◯ 안의 수가 되는 두 수를 찾아 선으로 이으시오.

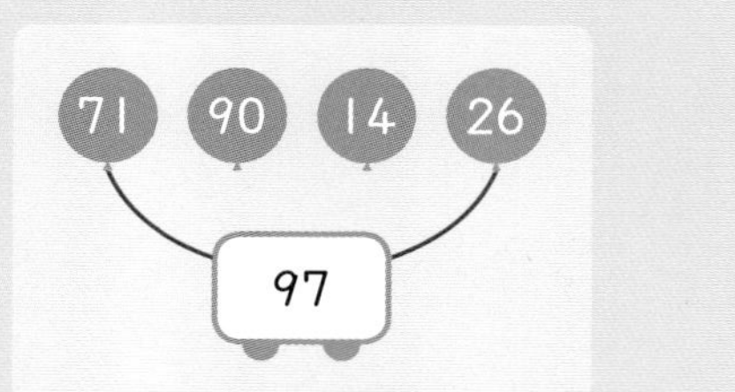

71, 90, 14, 26 → 97 (71, 26)

❶ 35, 43, 89, 62 → 78 (35, 43)

어림해서 합이 80이 되는 두 수를 찾아봅니다.

❷ 82, 57, 20, 18 → 75 (57, 18)

일의 자리 수끼리의 합이 5 또는 15인 두 수를 찾아 봅니다.

❸ 45, 76, 69, 38 → 145 (76, 69)

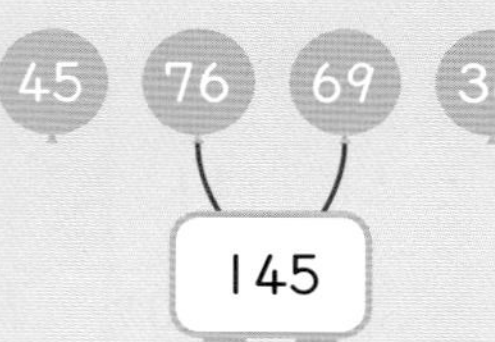

❹ 77, 36, 21, 68 → 89 (21, 68)

❺ 92, 54, 83, 29 → 137 (54, 83)

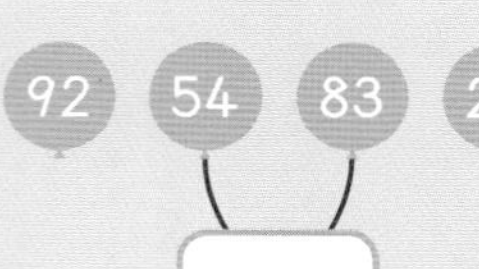

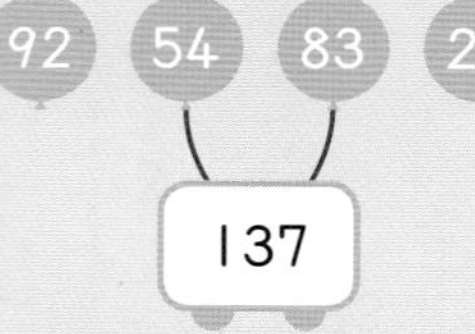

❻ 65, 53, 12, 24 → 118 (65, 53)

❼ 79, 91, 47, 81 → 160 (79, 81)

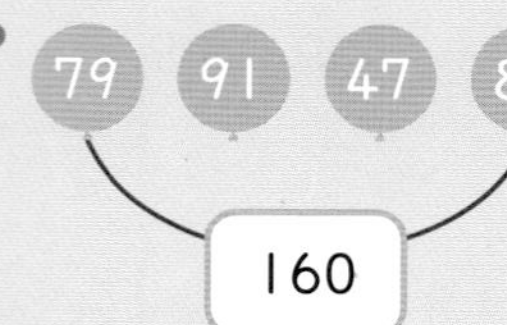

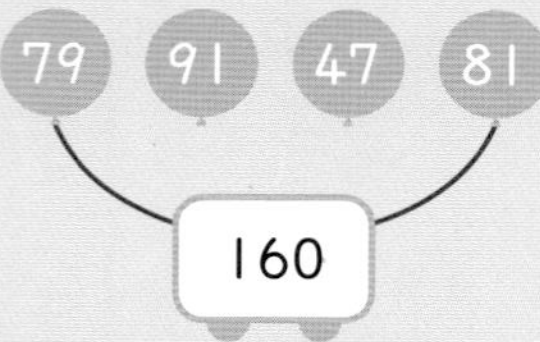

월 일

◐ 합이 ◯ 안의 수가 되는 두 수를 찾아 선으로 이으시오.

58, 86, 64, 41, 15 → 101 (86, 15)

❶ 87, 34, 49, 98, 23 → 72 (49, 23)

합이 72이므로 72보다 큰 수인 87과 98은 답이 아닙니다.

❷ 37, 88, 67, 13, 19 → 50 (37, 13)

50보다 큰 수인 88과 67은 답이 아닙니다.

❸ 33, 59, 17, 75, 20 → 134 (59, 75)

두 수의 합 134이므로 34보다는 커야 합니다.

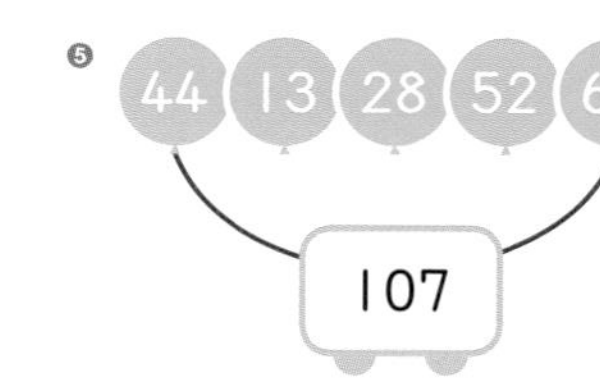

❹ 94, 73, 61, 25, 55 → 155 (94, 61)

일의 자리 수끼리의 합이 5 또는 15인 두 수를 찾아봅니다.

❺ 44, 13, 28, 52, 63 → 107 (44, 63)

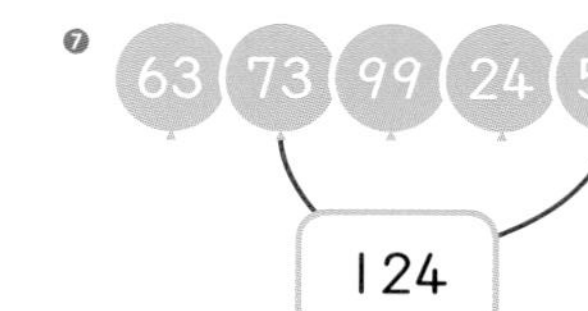

❻ 28, 25, 63, 48, 55 → 83 (28, 55)

❼ 63, 73, 99, 24, 51 → 124 (73, 51)

잘 공부했는지 알아봅시다

월 일

1 오른쪽 계산에서 □ 안의 숫자 1이 실제로 나타내는 수는 얼마입니까? 10

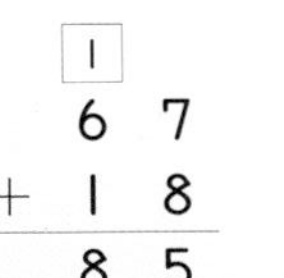

$$\begin{array}{r} \boxed{1} \\ 6\ 7 \\ +\ 1\ 8 \\ \hline 8\ 5 \end{array}$$

7+8=15에서 5는 일의 자리에 쓰고 받아올림하게 되는 10은 십의 자리에 받아올림 표시로 1을 씁니다.

2 □ 안에 알맞은 숫자를 써넣으시오.

❶

$$\begin{array}{r} \boxed{3}\ 6 \\ +\ 4\ \boxed{6} \\ \hline 8\ 2 \end{array}$$

❷

$$\begin{array}{r} 2\ 7 \\ +\ 6\ \boxed{4} \\ \hline \boxed{9}\ 1 \end{array}$$

3 계산 결과가 큰 것부터 차례로 기호를 써 보시오. ㉢, ㉠, ㉡

㉠ 36+49	㉡ 54+29	㉢ 18+79
85	83	97

4 수 카드에서 합이 62가 되는 두 수를 찾아 ◯표 하시오.

73  34 19  47  28 59

(34, 28에 ◯표)

어림해서 합이 60이 되는 두 수를 찾아본 다음 계산하여 합이 62가 되는 두 수를 구합니다.
19+47=66
34+28=62

421 체인지셈

◐ 색칠된 두 숫자를 바꾸어 계산하시오.

(예) 62 + 17 = 79 → 72 + 16 = 88

❶ 97 + 21 = 118 → 92 + 71 = 163

❷ 65 + 28 = 93 → 85 + 26 = 111

❸ 88 + 32 = 120 → 38 + 82 = 120

❹ 39 + 54 = 93 → 39 + 45 = 84

❺ 24 + 76 = 100 → 42 + 76 = 118

❻ 43 + 92 = 135 → 23 + 94 = 117

❼ 67 + 19 = 86 → 61 + 79 = 140

월 일

◐ 다음 식은 숫자 두 개가 바뀐 것입니다. 바뀐 숫자에 ○표 하고 바르게 고치시오.

(예) 36 + ⑤② = 61 → 36 + 25 = 61

일의 자리 수의 계산에서 합이 1 또는 11이 되는 두 수를 찾아봅니다.

❶ ④③ + 57 = 91 → 34 + 57 = 91

일의 자리 계산에서 합이 11이 되는 두 수를 찾아봅니다.

❷ ②4 + 7① = 86 → 14 + 72 = 86

❸ 19 + ⑧⑤ = 77 → 19 + 58 = 77

❹ ⑥③ + 91 = 127 → 36 + 91 = 127

❺ ⑤6 + 3① = 51 → 16 + 35 = 51

❻ 8② + ①4 = 105 → 81 + 24 = 105

❼ 81 + ④⑥ = 145 → 81 + 64 = 145

422 큰 합 작은 합

◐ 선으로 연결된 두 수의 합을 쓰시오.

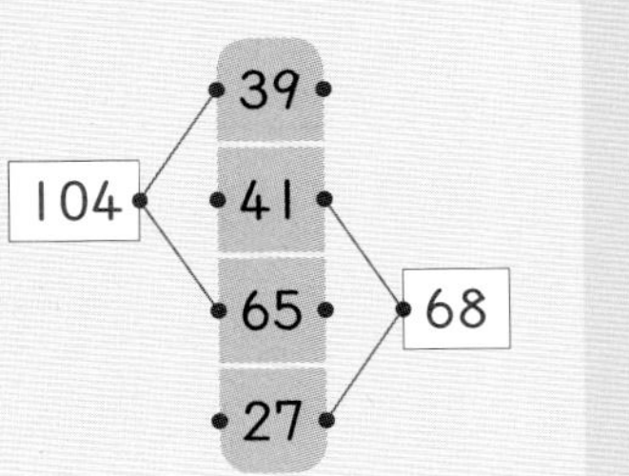

❶

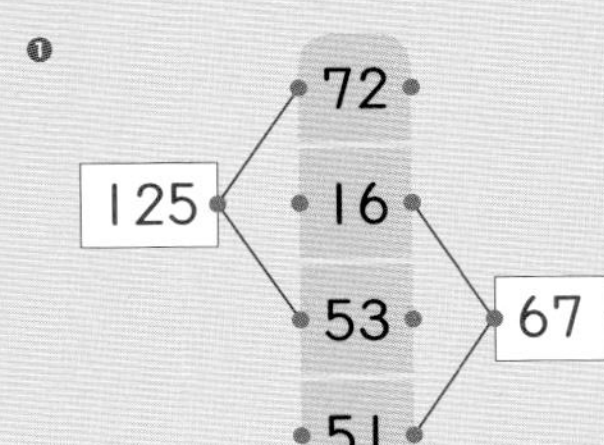

❷

15
62
84
13
77
97

❸

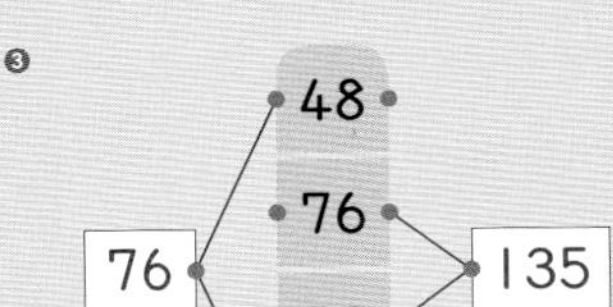

❹

92
68
24
43
12
55

❺

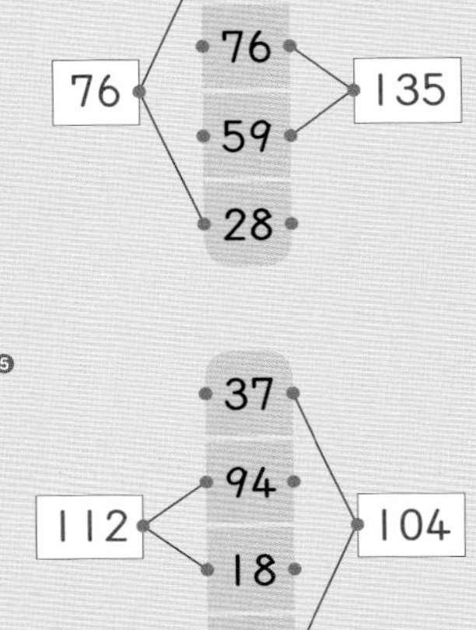

◐ 오른쪽에는 가장 큰 합, 왼쪽에는 가장 작은 합을 쓰고 선으로 연결하시오.

44
19+25
75
19
25
50
125
75+50

❶ 왼쪽에는 가장 작은 수와 두 번째 작은 수의 합을 쓰고, 오른쪽에는 가장 큰 수와 두 번째 큰 수의 합을 씁니다.

79
43
36
86
64
150

❷

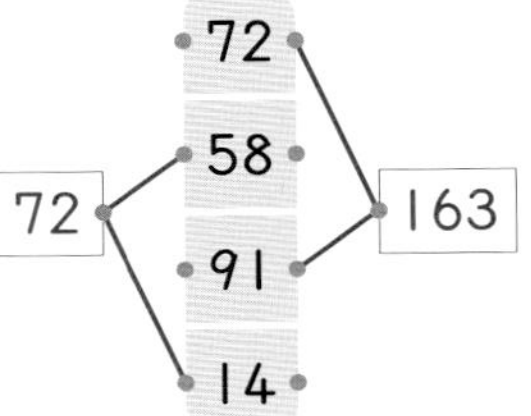

❸

❹

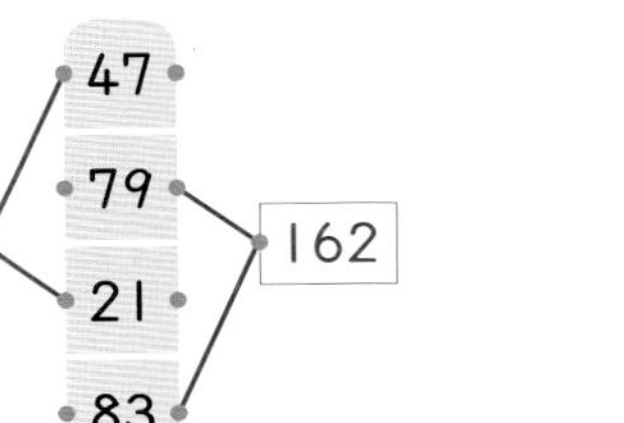

❺

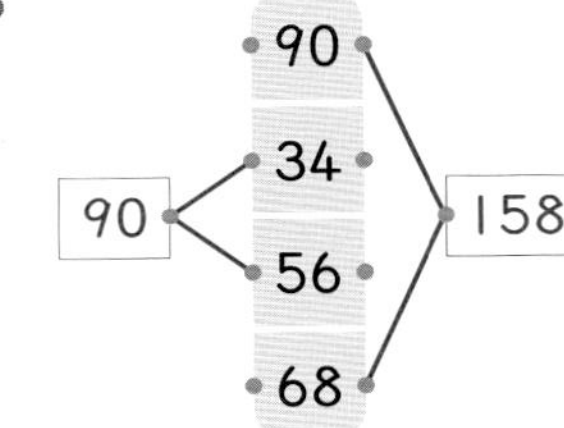

423 숫자 카드 벌레셈

● 숫자 카드 중 두 장 또는 세 장을 사용하여 덧셈식을 완성하시오.

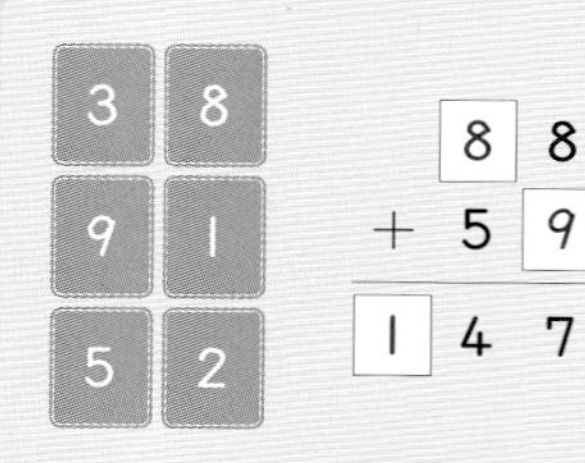
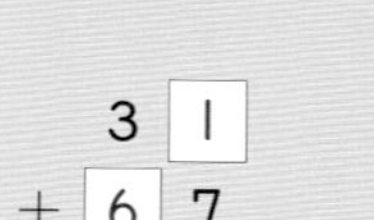

예시: 카드 3, 8, 9, 1, 5, 2 — 88 + 59 = 147

❶ 카드 2, 8, 0, 1, 5, 7 — 17 + 84 = 101

❷ 카드 3, 7, 8, 6, 5, 1 — 31 + 67 = 98

❸ 카드 1, 5, 6, 2, 9, 3 — 95 + 42 = 137

❹ 카드 6, 9, 4, 8, 2, 7 — 64 + 28 = 92

❺ 카드 5, 1, 6, 4, 8, 9 — 79 + 53 = 132

월 일

● 숫자 카드를 한 번씩 모두 사용하여 덧셈식을 완성하시오.

예시 답안 이외에도 십의 자리 숫자끼리, 일의 자리 숫자끼리 바꾸어 식을 완성할 수 있습니다.

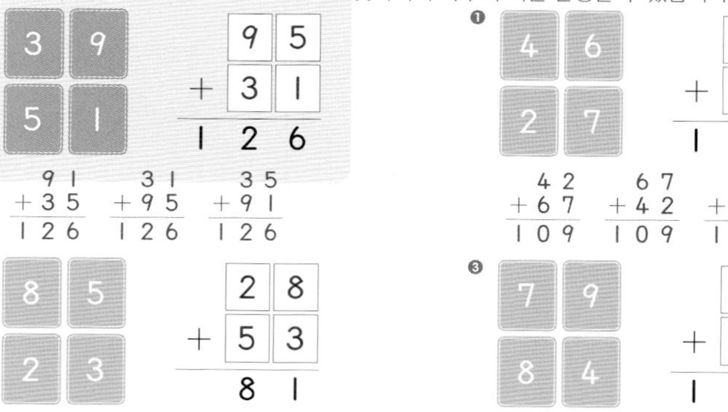

예시: 카드 3, 9, 5, 1 — 95 + 31 = 126

91 + 35 = 126, 31 + 95 = 126, 35 + 91 = 126

❶ 카드 4, 6, 2, 7 — 47 + 62 = 109

42 + 67 = 109, 67 + 42 = 109, 62 + 47 = 109

❷ 카드 8, 5, 2, 3 — 28 + 53 = 81

❸ 카드 7, 9, 8, 4 — 89 + 74 = 163

❹ 카드 9, 1, 5, 6 — 65 + 19 = 84

❺ 카드 4, 6, 9, 3 — 93 + 46 = 139

❻ 카드 7, 1, 9, 5 — 91 + 57 = 148

❼ 카드 7, 8, 2, 4 — 78 + 42 = 120

424 막대셈

◐ 빈칸에 알맞은 수를 써넣으시오.

14	27
41	

14+27

① 62 | 30 / 92 — 62+30

② 43 | 58 / 101

③ 78 | 92 / 170

④ 85 | 69 / 154

⑤ 16 | 55 / 71

⑥ 72 | 38 / 110

⑦ 94 | 25 / 119

⑧ 59 | 58 / 117

⑨ 42 | 66 / 108

◐ 빈칸에 알맞은 수를 써넣으시오.

45+81=126

45	81
27	99

27+[99]=126

① 28+95=123 — 28 | 95 / 91 | 32 — [91]+32=123

② 67 | 13 / 55 | 25

③ 79 | 54 / 32 | 101

④ 34 | 48 / 20 | 62

⑤ 83 | 26 / 74 | 35

⑥ 59 | 75 / 103 | 31

⑦ 17 | 97 / 52 | 62

⑧ 37 | 46 / 20 | 63

⑨ 83 | 72 / 113 | 42

잘 공부했는지 알아봅시다

월 일

1 숫자 카드 중 세 장을 사용하여 덧셈식을 완성하시오.

$$\begin{array}{r} \boxed{6}\,8 \\ +\ 6\,\boxed{7} \\ \hline \boxed{1}\,3\,5 \end{array}$$

2 다음 수 중 두 수를 골라 덧셈을 합니다. 합이 가장 클 때의 값과 가장 작을 때의 값을 각각 구하시오. 가장 큰 합 111, 가장 작은 합 61

36 47 64 25

가장 큰 합은 가장 큰 수와 두 번째 큰 수의 합입니다.
64+47=111

가장 작은 합은 가장 작은 수와 두 번째 작은 수의 합입니다.
25+36=61

3 진수와 명희는 수 카드를 두 장씩 가지고 있습니다. 진수가 가진 카드에 있는 두 수의 합은 명희가 가진 카드에 있는 두 수의 합과 같습니다. 명희가 가진 뒤집어진 카드에 적힌 수는 얼마인지 구하시오. 16

진수
25+38=63

47 16

명희
47+16=63

4 정수는 숫자 카드로 덧셈식을 만들었는데 동생이 카드 두 장을 바꾸어 놓았습니다. 바뀐 카드에 ○표 하고 바르게 고치시오.

$$\begin{array}{r} ⑧\,7 \\ +\ 6\,③ \\ \hline 1\,0\,5 \end{array} \rightarrow \begin{array}{r} 3\,7 \\ +\ 6\,8 \\ \hline 1\,0\,5 \end{array}$$

계산 결과의 일의 자리 수가 5입니다. 일의 자리 수끼리의 합이 5 또는 15가 되는 카드를 찾아봅니다.

425 세로 뺄셈

월 일

◐ □ 안에 알맞은 수를 써넣으시오.

일의 자리 수끼리 뺄 수 없으면 십의 자리에서 10을 일의 자리로 받아내림하여 계산합니다.

(예) [2][10] 34 − 18 = [1][6]

❶ [7][10] 82 − 65 = [1][7]

❷ [3][10] 45 − 29 = [1][6]

❸ [8][10] 96 − 47 = [4][9]

❹ [5][10] 63 − 36 = [2][7]

❺ [6][10] 71 − 14 = [5][7]

❻ [7][10] 87 − 59 = [2][8]

❼ [2][10] 30 − 13 = [1][7]

❽ [8][10] 92 − 68 = [2][4]

❾ [5][10] 62 − 17 = [4][5]

❿ [3][10] 41 − 27 = [1][4]

⓫ [7][10] 86 − 39 = [4][7]

◈ 세로셈으로 고쳐 계산하시오.

(예) 42−24= [18] (세로셈: 42 − 24 = 18)

❶ 81−65= [16] (세로셈: 81 − 65 = 16)

❷ 95−58= [37] (세로셈: 95 − 58 = 37)

❸ 31−17= [14] (세로셈: 31 − 17 = 14)

❹ 44−28= [16] (세로셈: 44 − 28 = 16)

❺ 53−16= [37] (세로셈: 53 − 16 = 37)

❻ 35−19= [16] (세로셈: 35 − 19 = 16)

❼ 50−37= [13] (세로셈: 50 − 37 = 13)

❽ 66−29= [37] (세로셈: 66 − 29 = 37)

426 계단셈

● 빈칸에 알맞은 수를 써넣으시오.

(예) 74, −12 → 62 (74−12), −27 → 35 (62−27)

1. 67, −19 → 48 (67−19), −23 → 25 (48−23)
2. 94, −16 → 78, −35 → 43
3. 88, −37 → 51, −23 → 28
4. 62, −27 → 35, −19 → 16
5. 71, −38 → 33, −26 → 7
6. 82, −26 → 56, −50 → 6
7. 59, −14 → 45, −27 → 18

월 일

● 빈칸에 알맞은 수를 써넣으시오.

(예) 63, −17 → 46, −18 → 28 (63−17=46, 46−18=28)

1. 45, −12 → 33, −18 → 15 (45−12=33, 33−18=15)
2. 55, −12 → 43, −12 → 31
3. 72, −31 → 41, −14 → 27
4. 82, −10 → 72, −27 → 45
5. 60, −28 → 32, −14 → 18
6. 82, −38 → 44, −25 → 19
7. 75, −15 → 60, −27 → 33

427 역피라미드 뺄셈

◐ 아래의 수는 선으로 연결된 두 수의 차입니다. 빈칸을 채우시오.

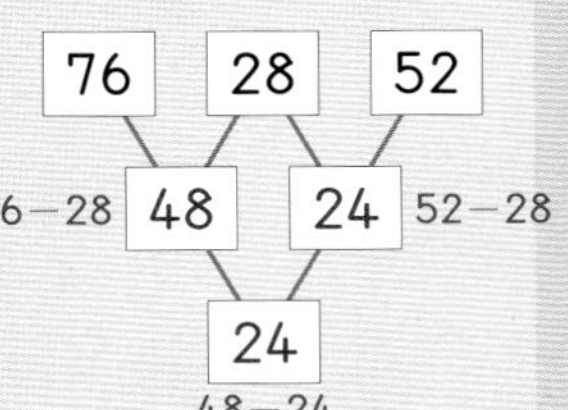

❶ 39 64 92

64−39 25 28 92−64

3

28−25

❷

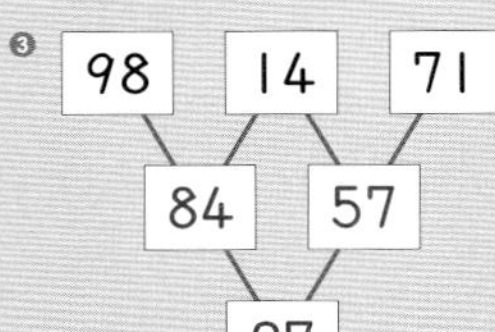

❸ 98 14 71

84 57

27

❹

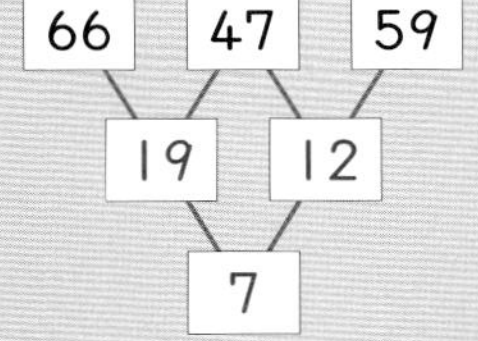
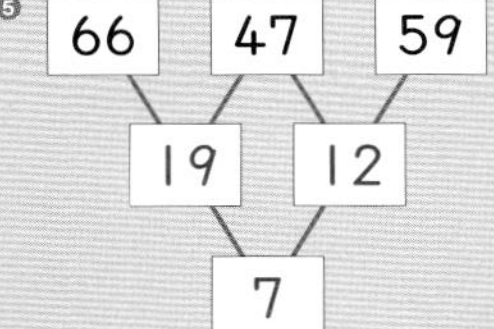

❺ 66 47 59

19 12

7

◐ 아래의 수는 선으로 연결된 두 수의 차입니다. 빈칸을 채우시오.

81−37=44 64−37=27

③81 37 ②64

44 ①27 44−27=17

17

❶

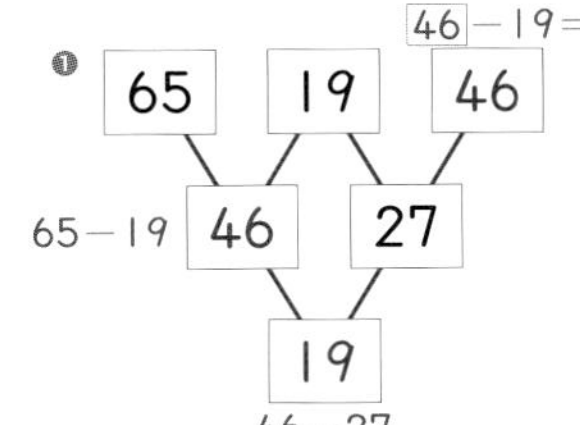

❷

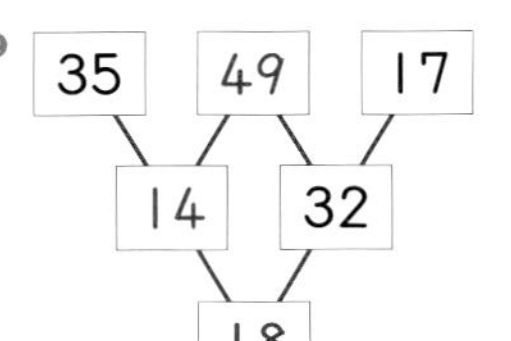

❸

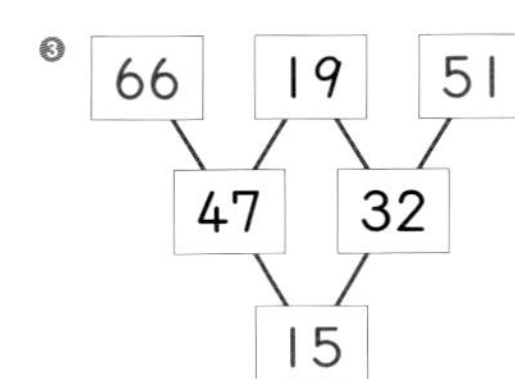

❹

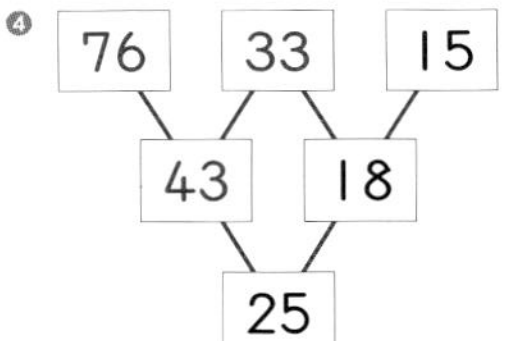

❺

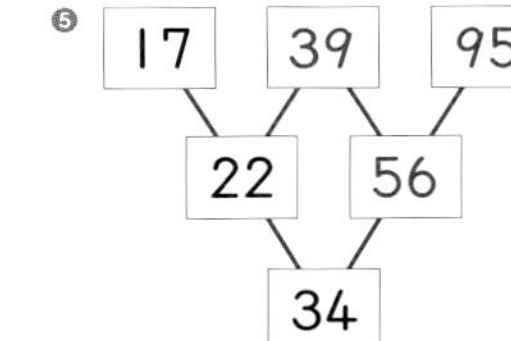

428 뺄셈표

◐ 뺄셈표의 빈칸에 알맞은 수를 써넣으시오.

−	15	34	41
56	41	22	15
67	52	33	26

❶

−	17	29	46
48	31	19	2
76	59	47	30

❷

−	18	27	39
59	41	32	20
72	54	45	33

❸

−	32	43	57
61	29	18	4
79	47	36	22

❹

−	59	65	73
78	19	13	5
81	22	16	8
94	35	29	21

❺

−	16	24	35
42	26	18	7
53	37	29	18
67	51	43	32

월 일

◐ 뺄셈표의 빈칸에 알맞은 수를 써넣으시오.

52 − 26 = 26

−	13	26	33
45	32	19	12
52	39	26	19

순서를 생각하여 해결합니다. 가로줄, 세로줄의 수부터 구합니다.

❶

−	② 49	58	③ 62
① 64	15	6	2
88	39	30	26

① 64 − 58 = 6
② 64 − 49 = 15
③ 88 − 62 = 26
나머지는 세로줄의 수에서 가로줄의 수를 빼서 구합니다.

❷

−	14	37	27
51	37	14	24
69	55	32	42

❸

−	27	36	44
46	19	10	2
91	64	55	47

❹

−	19	25	38
42	23	17	4
58	39	33	20
65	46	40	27

❺

−	57	69	70
71	14	2	1
87	30	18	17
93	36	24	23

잘 공부했는지 알아봅시다

월 일

1 □ 안에 알맞은 수를 써넣으시오.

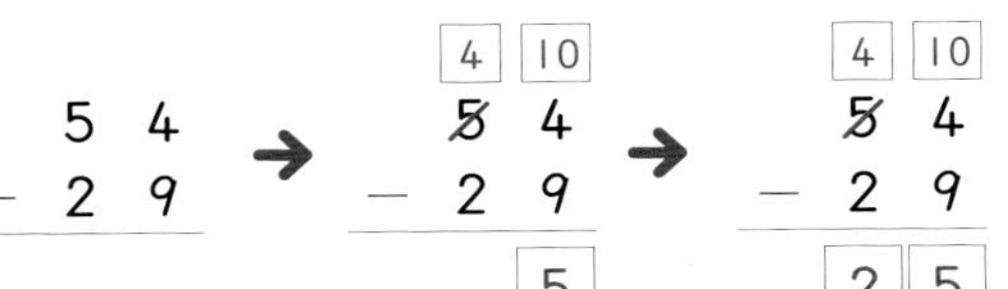

$$\begin{array}{r} 5\ 4 \\ -\ 2\ 9 \\ \hline \end{array} \rightarrow \begin{array}{r} \boxed{4}\ \boxed{10} \\ \not{5}\ 4 \\ -\ 2\ 9 \\ \hline \boxed{5} \end{array} \rightarrow \begin{array}{r} \boxed{4}\ \boxed{10} \\ \not{5}\ 4 \\ -\ 2\ 9 \\ \hline \boxed{2}\ \boxed{5} \end{array}$$

일의 자리 수끼리 뺄 수 없으면 십의 자리에서 10을 일의 자리로 받아내림하여 계산합니다.

2 관계 있는 것끼리 선으로 이으시오.

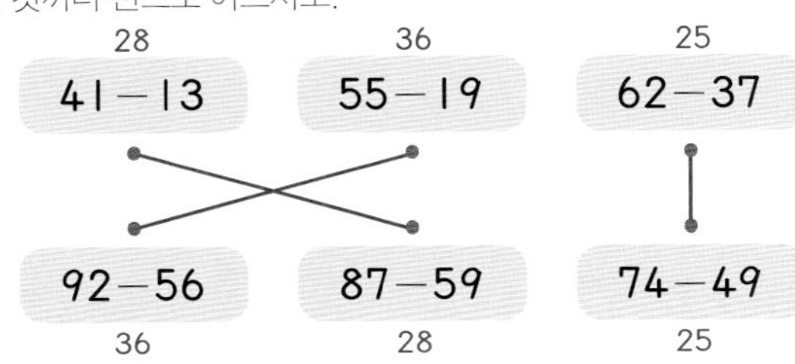

3 빈칸에 알맞은 수를 써넣으시오.

❶

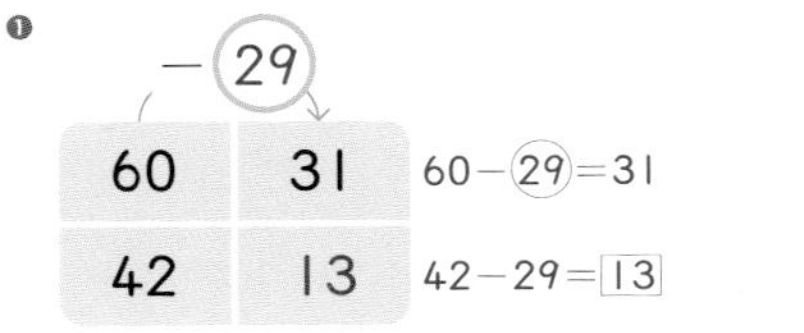

60−(29)=31
42−29=13

❷

−(27)

82	55
66	39

82−(27)=55
66−27=39

429 **체인지셈**

◆ 색칠된 두 숫자를 바꾸어 계산하시오.

(예) 52 − 13 = 39 → 32 − 15 = 17
5와 3의 자리를 서로 바꾸어 식을 만듭니다.

❶ 84 − 27 = 57 → 82 − 47 = 35
4와 2의 자리를 서로 바꾸어 식을 만듭니다.

❷ 41 − 39 = 2 → 49 − 31 = 18

❸ 95 − 68 = 27 → 95 − 86 = 9

❹ 76 − 25 = 51 → 72 − 65 = 7

❺ 89 − 14 = 75 → 98 − 14 = 84

❻ 52 − 37 = 15 → 72 − 35 = 37

❼ 61 − 48 = 13 → 64 − 18 = 46

월 일

◆ 다음 식은 숫자 두 개가 바뀐 것입니다. 바뀐 숫자에 ○표 하고 바르게 고치시오.

(예) 63 − ④② = 39 → 63 − 24 = 39

❶ ⑤7 − 1⑥ = 52 → 67 − 15 = 52

❷ 8① − 7⑨ = 18 → 89 − 71 = 18

❸ 5③ − ②6 = 16 → 52 − 36 = 16

❹ 9④ − ③4 = 49 → 93 − 44 = 49

❺ 64 − ①⑤ = 13 → 64 − 51 = 13

❻ ⑧⑦ − 19 = 59 → 78 − 19 = 59

❼ ⑦5 − 2⑨ = 68 → 95 − 27 = 68

430 큰 차 작은 차

월 일

◐ 오른쪽은 가장 큰 차, 왼쪽은 가장 작은 차가 나오도록 두 수를 연결한 것입니다. 빈칸을 채우시오.

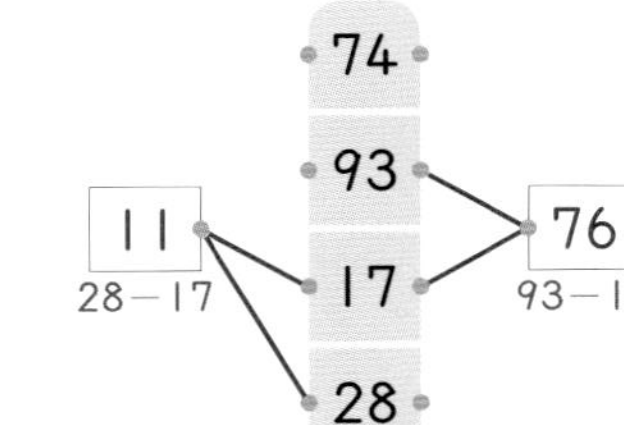

❶
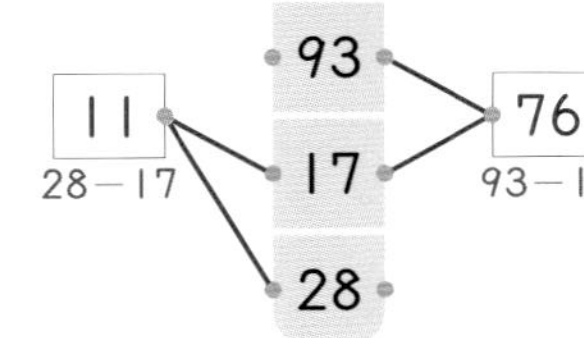

❷
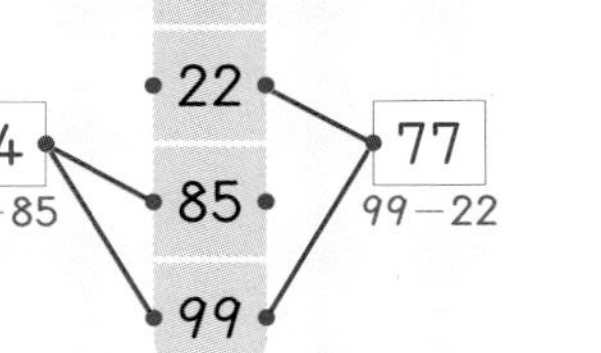

❸
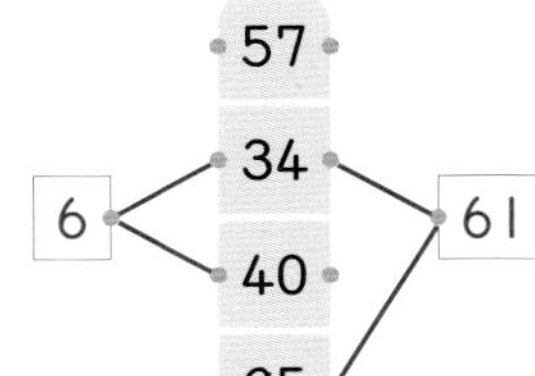

❹
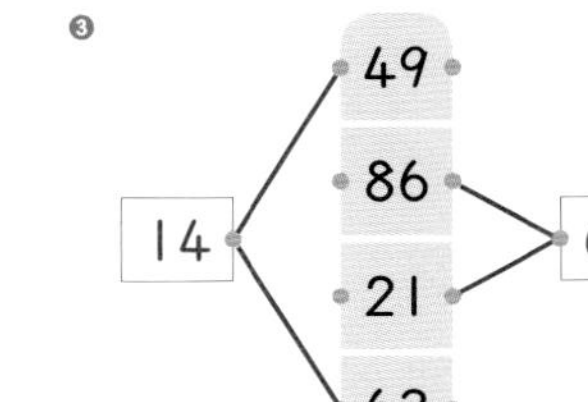

❺
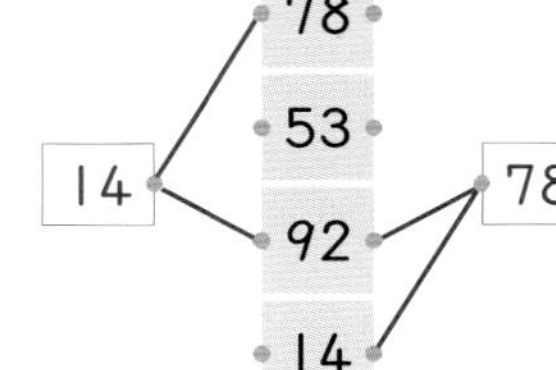

가장 큰 차는 가장 큰 수에서 가장 작은 수를 빼면 됩니다.
가장 작은 차는 네 수 중 가장 가까운 두 수를 찾아 구합니다.

◑ 오른쪽은 가장 큰 차, 왼쪽은 가장 작은 차가 나오도록 두 수를 연결한 것입니다. 빈칸을 채우시오.

❶
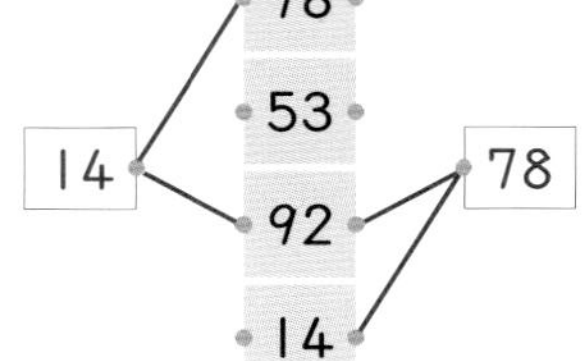

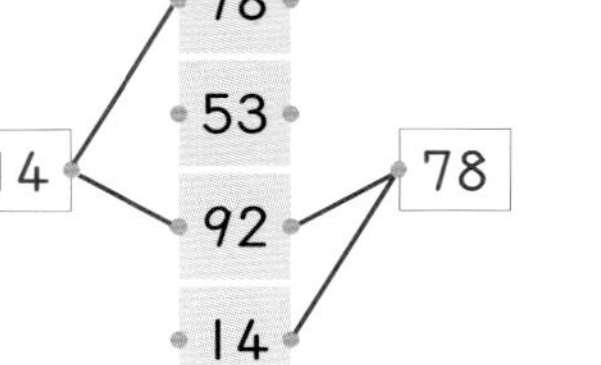

❷
57
34
40
95
6
61

❸
49
86
21
63
14
65

❹
78
53
92
14
14
78

❺
37
72
61
45
8
35

431 수 카드 식완성

◆ 수 카드 중 두 장을 사용하여 식을 완성하시오.

47 16 91

91 − 47 = 44

❶

84 − 23 = 61

❷ 32 58 76

58 − 32 = 26

❸ 82 43 25

43 − 25 = 18

❹ 70 27 33

70 − 33 = 37

❺ 54 87 11

87 − 11 = 76

❻ 95 68 42

68 − 42 = 26

❼ 39 80 55

55 − 39 = 16

월 일

◆ 수 카드 중 세 장을 사용하여 식을 완성하시오.

36 57 18 72 15

72 − 15 = 57
또는 72 − 57 = 15

❶ 81 69 46 28 12

81 − 69 = 12
또는 81 − 12 = 69

❷ 20 63 15 85 48

63 − 48 = 15
또는 63 − 15 = 48

❸ 74 29 18 56 31

74 − 18 = 56
또는 74 − 56 = 18

❹ 45 16 98 53 71

98 − 53 = 45
또는 98 − 45 = 53

❺ 21 86 66 17 49

66 − 17 = 49
또는 66 − 49 = 17

432 숫자 카드 목표수

◐ 숫자 카드를 모두 한 번씩 사용하여 뺄셈식을 완성하시오.

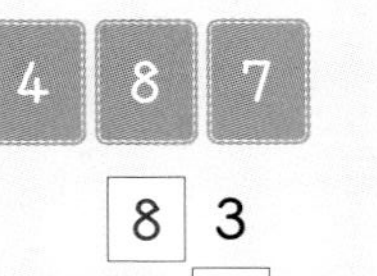

$83 - 37 = 46$

❶ 카드: 4, 1, 3 — $91 - 37 = 54$

❷ 카드: 4, 6, 8 — $65 - 18 = 47$

❸ 카드: 3, 6, 8 — $62 - 28 = 34$

❹ 카드: 3, 7, 6 — $86 - 39 = 47$

❺ 카드: 4, 1, 7 — $42 - 27 = 15$

❻ 카드: 8, 6, 2 — $46 - 28 = 18$

❼ 카드: 8, 2, 4 — $46 - 18 = 28$

❽ 카드: 3, 1, 5 — $83 - 18 = 65$

월 일

◑ 뺄셈식에 맞게 왼쪽 숫자 카드를 한 번씩 써넣으시오.

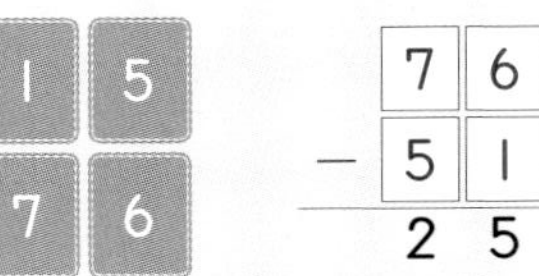

$76 - 51 = 25$, $65 - 17 = 48$, $57 - 16 = 41$

❶ 카드: 1, 9, 8, 2 — $92 - 18 = 74$, $92 - 81 = 11$, $98 - 21 = 77$

(풀이: $29 - 18 = 11$, $89 - 12 = 77$)

❷ 카드: 3, 6, 4, 9 — $96 - 34 = 62$, $63 - 49 = 14$, $46 - 39 = 7$

❸ 카드: 6, 5, 3, 2 — $65 - 23 = 42$, $52 - 36 = 16$, $35 - 26 = 9$

(풀이: $62 - 53 = 9$)

잘 공부했는지 알아봅시다

월 일

1 숫자 카드 중 두 장을 사용하여 뺄셈식을 완성하시오.

8 2 4 5

$$\begin{array}{r} \boxed{5}\,2 \\ -\; 3\,\boxed{8} \\ \hline 1\,4 \end{array}$$

일의 자리 계산에서 2에서 빼서 4가 되는 수가 없으므로 십의 자리에서 받아내림하여 문제를 해결합니다.

12－8＝4

2 다음 중 두 수를 사용하여 식을 완성하시오.

19 39 85 72 42

$\boxed{72}-\boxed{39}=33$

3 숫자 카드 네 장을 모두 사용하여 뺄셈식을 완성하시오.

7 8 1 2

$\boxed{8}\boxed{2}-\boxed{1}\boxed{7}=65$

십의 자리 수끼리의 뺄셈 결과가 6이므로 십의 자리에 들어갈 숫자는 세 가지 경우가 있습니다.

(8, 1) (8, 2) (7, 1)

433 관계셈

월 일

◐ 덧셈식을 보고 뺄셈식을, 뺄셈식을 보고 덧셈식을 만드시오.

65+19=84

84−65=19

84−19=65

❶ 37+41=78

78−37=41

78−41=37

❷ 29+66=95

95−29=66

95−66=29

❸ 28+46=74

74−28=46

74−46=28

82−29=53

53+29=82

29+53=82

❹ 92−35=57

35+57=92

57+35=92

❺ 63−28=35

28+35=63

35+28=63

❻ 47−19=28

19+28=47

28+19=47

덧셈식 (부분)+(부분)=(전체)를 (전체)−(한 부분)=(다른 부분)으로 하여 뺄셈식으로 나타낼 수 있습니다.
역으로
뺄셈식 (전체)−(한 부분)=(다른 부분)은 (한 부분)+(다른 부분)=(전체)로 하여 덧셈식으로 나타낼 수 있습니다.

◕ □ 안에 알맞은 수를 써넣으시오.

56+18=74 ⟷ 74−18=56

❶ 46+51=97 ⟷ 97−51=46

❷ 48+23=71 ⟷ 71−23=48

❸ 34+49=83 ⟷ 83−49=34

❹ 28+15=43 ⟷ 43−15=28

❺ 14+67=81 ⟷ 81−67=14

❻ 63+32=95 ⟷ 95−32=63

434 다리 잇기

◐ 계산을 한 다음 알맞게 선으로 이으시오.

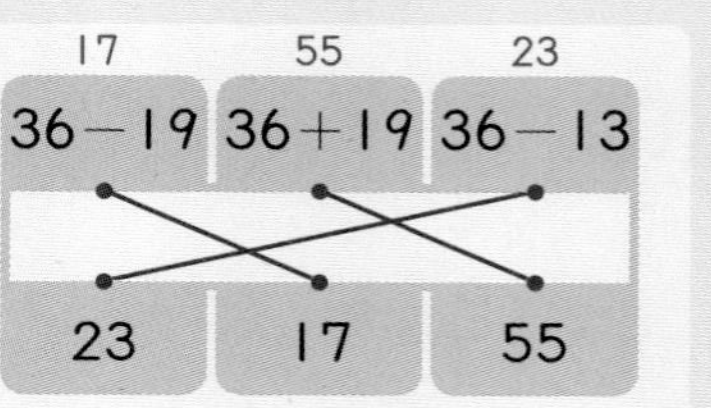

❶
78 24 83
51+27 96−72 35+48
78 83 24

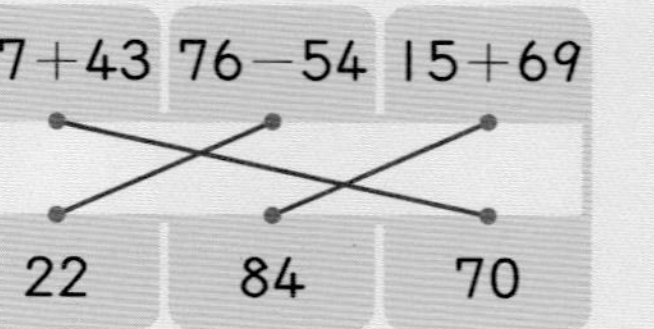

❸
74−30 53+18 93−28
65 44 71

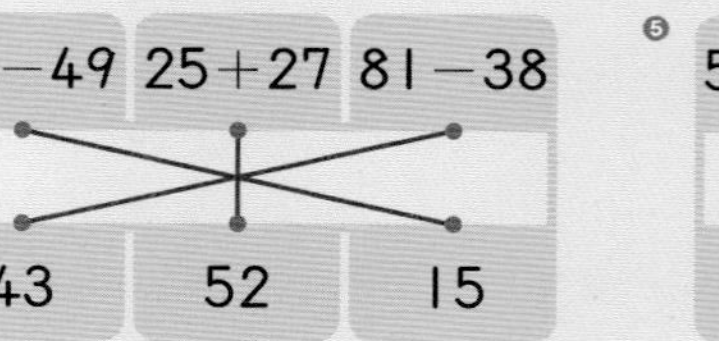

❺
59+42 78−26 85+34
52 101 119

월 일

◐ 계산 결과가 같은 것끼리 선으로 이으시오.

65 67 33
21+44 37+30 22+11
85−52 98−31 79−14
33 67 65

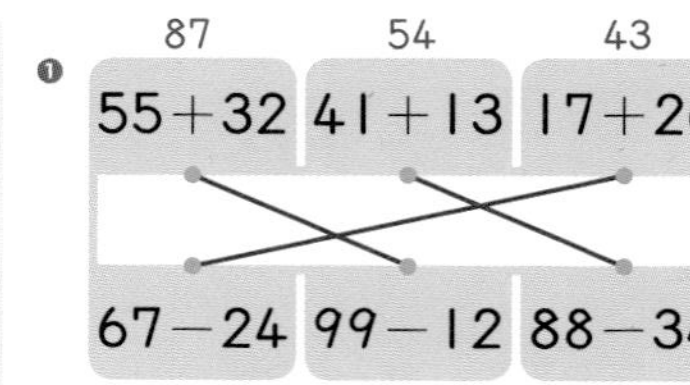

❷
15+19 75−28 57+26
65−18 89−55 94−11

❸
23+32 16+21 38+29
64−27 77−10 88−33

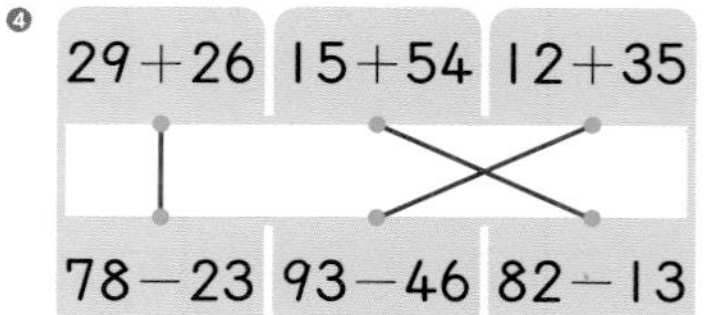

❺
25+16 39+19 42+35
89−12 69−11 95−54

435 두 색깔 양궁

◐ 화살이 ▬에 꽂히면 점수를 더하고, ▬에 꽂히면 점수를 뺍니다. 몇 점입니까?

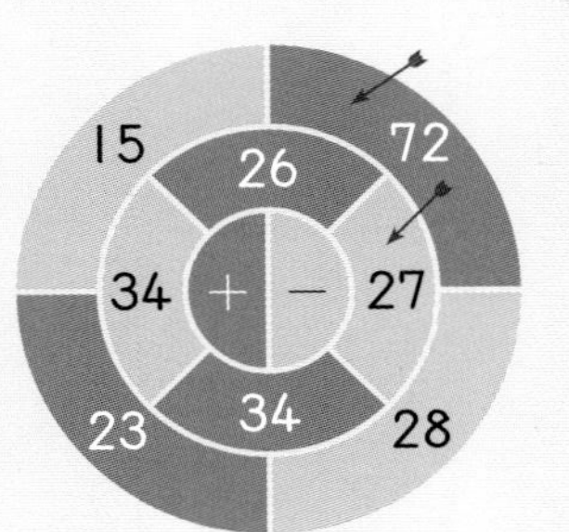

72 − 27 = 45

❶

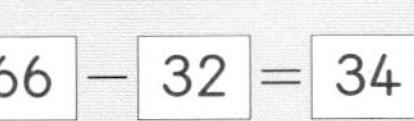

66 − 32 = 34

❷

39 + 86 = 125

86+39=125

❸

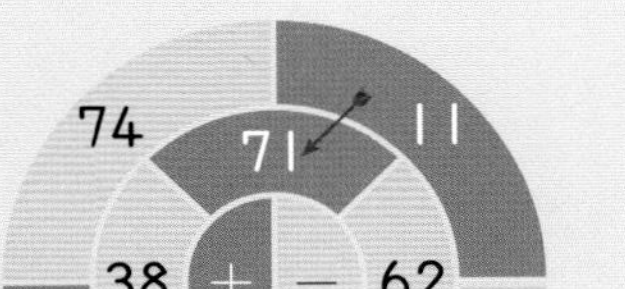

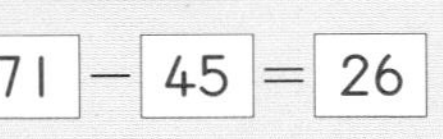

71 − 45 = 26

◆ ▬ 안의 점수에 맞게 화살 두 개를 그리시오.

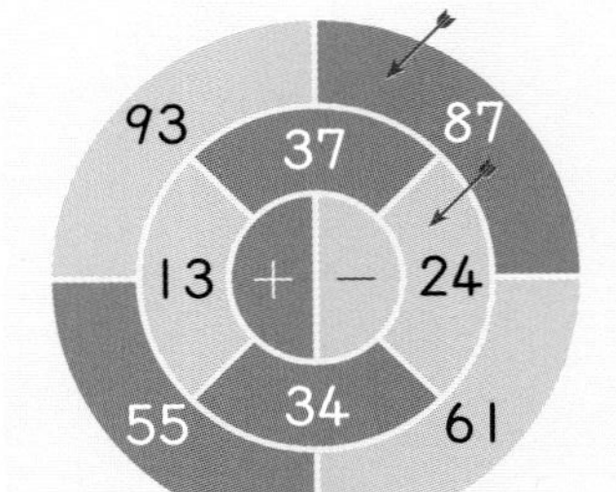

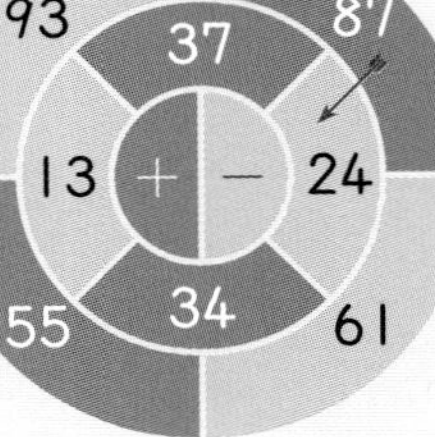

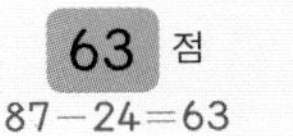

63 점

87−24=63

❶

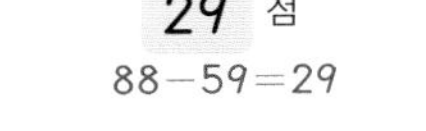

29 점

88−59=29

❷

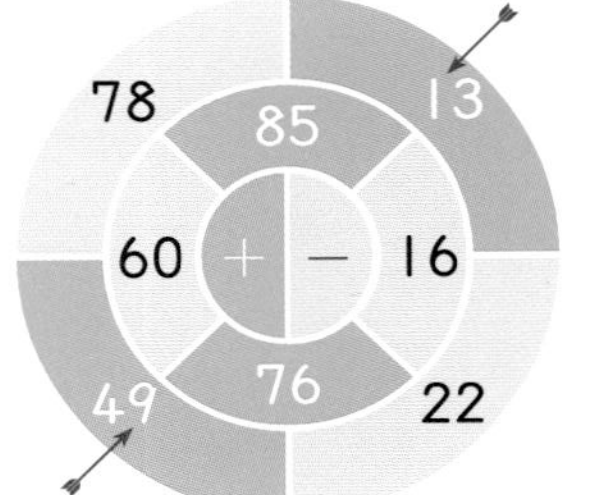

62 점

❸

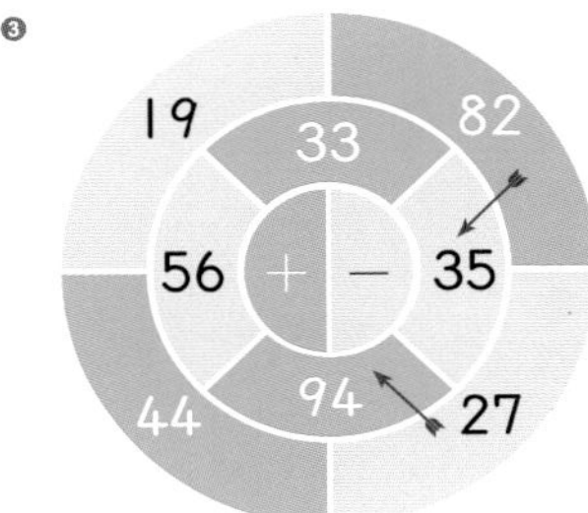

59 점

436 수 배열표셈

월 일

◐ 수 배열표를 보고 다음 계산을 하시오.

11						17			▲
							●		
		■						39	
◆					46				

▲+●= 48
◆−■= 8
■+●= 61

▲=20 ●=28 ■=33 ◆=41

❶

41								▲	
					●			59	
	■					67			
		73		◆					

●−▲= 7
■+●= 118
◆−▲= 26

▲=49 ●=56 ■=62 ◆=75

❷

		33		▲					
●						47			
51					56				■
	62					◆		69	

▲+●= 76
■+◆= 127
■−●= 19

❸

					◆				
			74				▲		80
	■					87			
		93						●	

●−▲= 21
■+●= 181
■−◆= 16

수 배열표의 규칙을 이용하여 모양이 나타내는 수를 구한 다음, 계산을 합니다.

◑ 수 배열표를 보고 다음 계산을 하시오.

39						45		▲	
	50								●
			■					67	
	◆				74				

◆−●+▲= 59
◆−▲+■= 85

▲=47 ●=58 ■=62 ◆=70

❶

52						▲		60	
		64			●				
	■							80	
					87				◆

◆−●+▲= 82
■−▲+●= 82

▲=58 ●=67 ■=73 ◆=91

❷

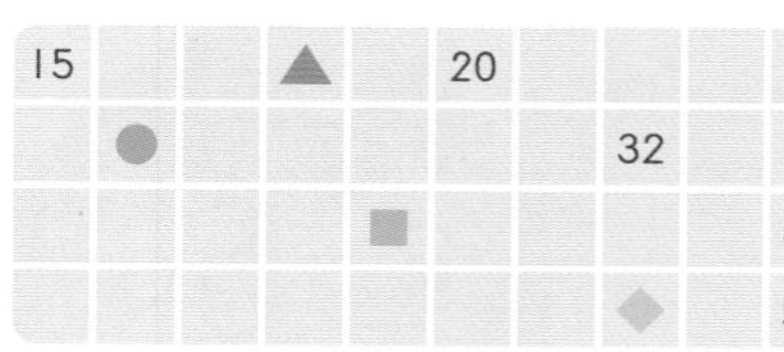

15			▲		20				
	●						32		
				■					44
							◆		54

▲+●+■= 83
◆−▲−●= 8

❸

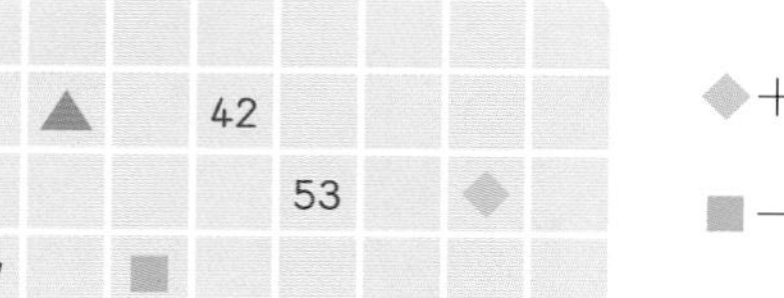

27	●								
			▲		42				
						53		◆	
		59		■					

◆+▲−●= 67
■−▲+●= 49

잘 공부했는지 알아봅시다

월 일

1 수 카드를 사용하여 덧셈식과 뺄셈식을 각각 만드시오.

25, 36, 61

25 + 36 = 61
36 + 25 = 61

61 − 25 = 36
61 − 36 = 25

카드의 세 수 중 전체는 61, 부분은 25와 36입니다.
덧셈식은 (부분)+(부분)=(전체)이므로 25+36=61, 36+25=61이고,
뺄셈식은 (전체)−(한 부분)=(다른 부분)이므로 61−36=25, 61−25=36입니다.

2 수 배열표를 보고 □ 안에 알맞은 수를 써넣으시오.

26	27	▲ 28							
36				40	41	42	43	● 44	
46	■ 47								
					◆ 61	62			

■ + ● = 91 (47, 44)

◆ + ▲ = 89 (61, 28)

3 □ 안에 알맞은 수를 써넣으시오.

❶ 45 − 27 = 18 ⟷ 27 + 18 = 45

❷ 81 − 36 = 45 ⟷ 36 + 45 = 81

(전체)−(한 부분)=(다른 부분)을 (부분)+(부분)=(전체)로 하여 덧셈식으로 나타낼 수 있습니다. 45−27=18에서 전체는 45이고 부분은 27과 18입니다.

437 덧셈 방법

◐ 여러 가지 방법의 덧셈 설명을 보고 □ 안에 알맞은 수를 써넣으시오.

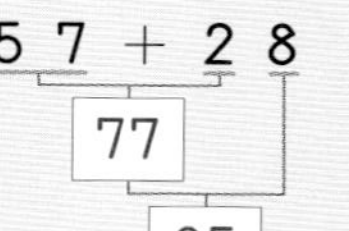
57 + 28 → 77 → 85

57에 20을 먼저 더하고 그 결과에 8을 더합니다.

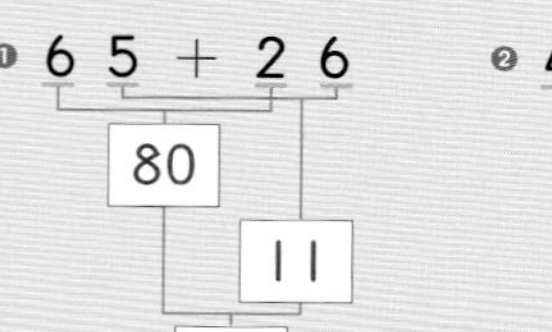
① 65 + 26 → 80, 11 → 91

60과 20을 더하고 5와 6을 더한 다음 그 결과를 더합니다.

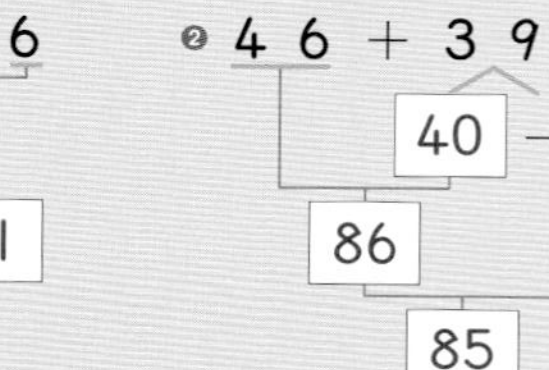
② 46 + 39 → 40 − 1 → 86 → 85

46에 40을 먼저 더한 다음 그 결과에서 1을 뺍니다.

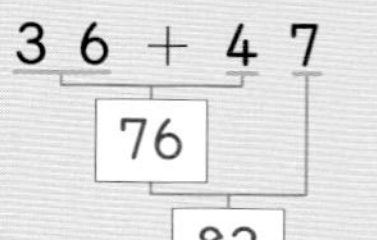
③ 36 + 47 → 76 → 83

36에 40을 먼저 더한 다음 그 결과에 7을 더합니다.

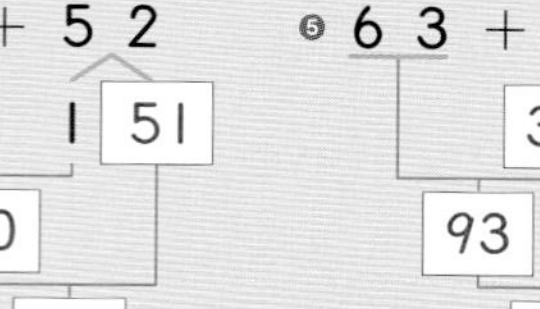
④ 19 + 52 → 1, 51 → 20 → 71

19에 1을 먼저 더한 다음 그 결과에 51을 더합니다.

⑤ 63 + 28 → 30 − 2 → 93 → 91

63에 30을 먼저 더한 다음 그 결과에서 2를 뺍니다.

월 일

◑ 여러 가지 방법으로 덧셈을 한 것입니다. □ 안에 알맞은 수를 써넣으시오.

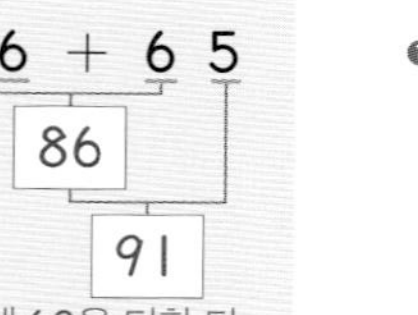
26 + 65 → 86 → 91

26에 60을 더한 다음 그 결과에 5를 더합니다.

① 46 + 45 → 86 → 91

46에 40을 더한 다음 그 결과에 5를 더합니다.

② 34 + 48 → 70, 12 → 82

30과 40을 더하고 4와 8을 더한 다음 두 계산 결과를 더합니다.

③ 51 + 23 → 4 → 70 → 74

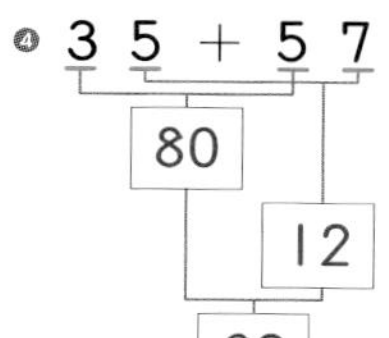
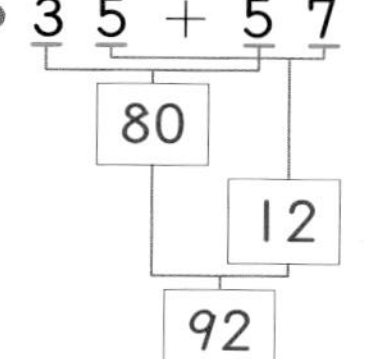
④ 35 + 57 → 80, 12 → 92

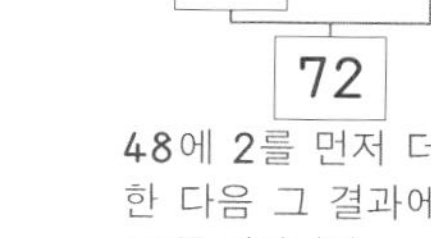
⑤ 48 + 24 → 2, 22 → 50 → 72

48에 2를 먼저 더한 다음 그 결과에 22를 더합니다.

⑥ 67 + 18 → 3, 15 → 70 → 85

⑦ 66 + 29 → 30 − 1 → 96 → 95

66에 30을 먼저 더한 다음 그 결과에서 1을 뺍니다.

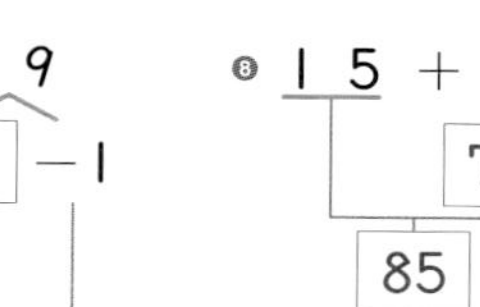
⑧ 15 + 68 → 70 − 2 → 85 → 83

438 가로 덧셈

◐ 여러 가지 방법으로 덧셈을 한 것입니다. □ 안에 알맞은 수를 써넣으시오.

72+21
=72+ [20] + [1]
= [92] + [1]
= [93]

72에 20을 먼저 더하고, 그 결과에 1을 더합니다.

❶ 37+47
=30+7+ [40] + [7]
= [70] + [14]
= [84]

30과 40을 더하고, 7과 7을 더한 다음 두 계산 결과를 더합니다.

❷ 15+58
=15+ [60] − [2]
= [75] − [2]
= [73]

15에 60을 더한 다음 그 결과에서 2를 뺍니다.

❸ 28+53
=28+ [2] +51
= [30] + [51]
= [81]

28에 2를 더한 다음 그 결과에 51을 더합니다.

◐ 여러 가지 방법으로 덧셈을 한 것입니다. □ 안에 알맞은 수를 써넣으시오.

월 일

28+34
=28+ [30] +4
= [58] +4
= [62]

28에 30을 더하고 그 결과에 4를 더합니다.

❶ 26+55
=20+6+ [50] +5
=70+ [11]
= [81]

20과 50을 더하고 6과 5를 더한 다음 두 계산 결과를 더합니다.

❷ 46+19
=46+ [20] −1
=66− [1]
= [65]

46에 20을 더한 다음 그 결과에서 1을 뺍니다.

❸ 69+23
=69+ [1] +22
= [70] +22
= [92]

69에 1을 더한 다음 그 결과에 22를 더합니다.

❹ 38+46
=30+8+ [40] +6
= [70] +14
= [84]

❺ 24+48
=24+ [50] −2
= [74] −2
= [72]

439 뺄셈 방법

◐ 여러 가지 방법의 뺄셈 설명을 보고 □ 안에 알맞은 수를 써넣으시오.

48 − 29 → [28] → [19]

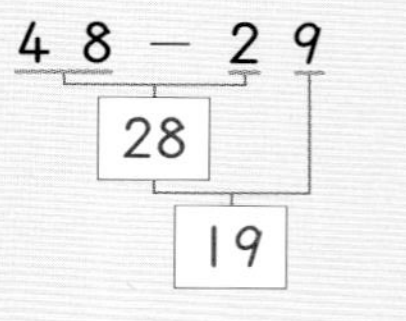

48에서 20을 먼저 뺀 다음 그 결과에서 9를 뺍니다.

① 63 − 47 (47 = 3 + 44) → [60] → [16]

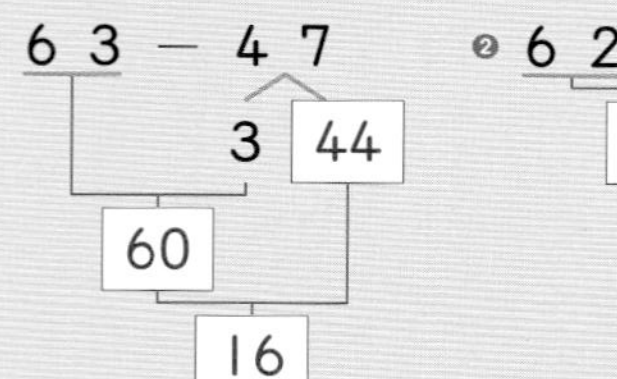
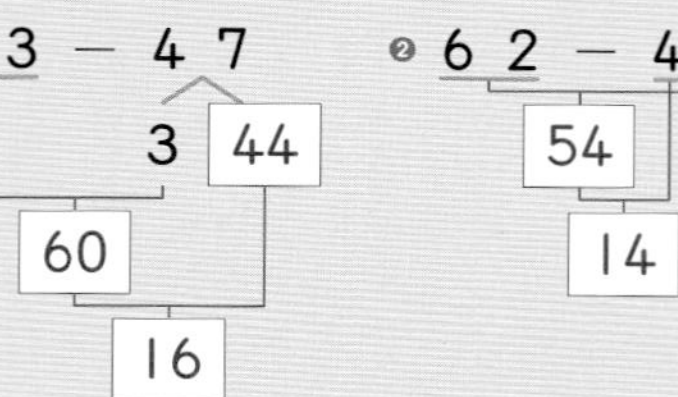

63에서 3을 먼저 뺀 다음 그 결과에서 44를 뺍니다.

② 62 − 48 → [54] → [14]

62에서 8을 먼저 뺀 다음 그 결과에서 40을 뺍니다.

③ 72 − 25 → [52] → [47]

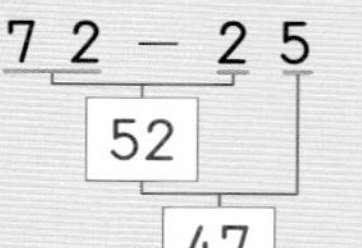

72에서 20을 먼저 뺀 다음 그 결과에서 5를 뺍니다.

④ 93 − 56 (56 = 3 + 53) → [90] → [37]

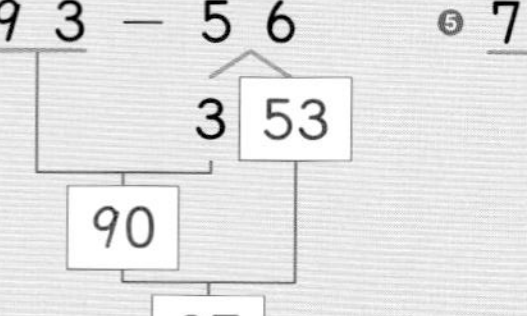
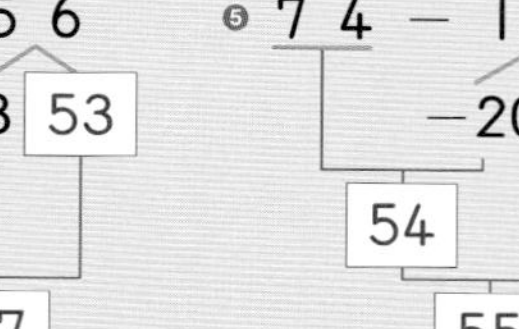

93에서 3을 먼저 뺀 다음 그 결과에서 53을 뺍니다.

⑤ 74 − 19 (−20 + 1) → [54] → [55]

74에서 20을 먼저 뺀 다음 그 결과에 1을 더합니다.

월　일

◑ 여러 가지 방법으로 뺄셈을 한 것입니다. □ 안에 알맞은 수를 써넣으시오.

95 − 37 → [65] → [58]

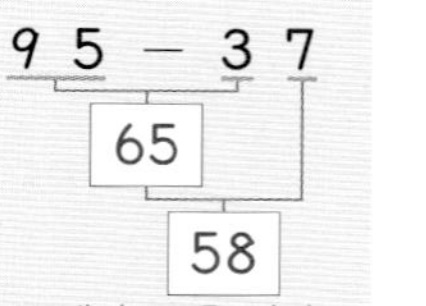

95에서 30을 먼저 뺀 다음 그 결과에서 7을 뺍니다.

① 46 − 12 → [36] → [34]

② 86 − 59 → [77] → [27]

86에서 9를 먼저 뺀 다음 그 결과에서 50을 뺍니다.

③ 62 − 35 → [57] → [27]

④ 72 − 13 (13 = 10 + [3]) → [62] → [59]

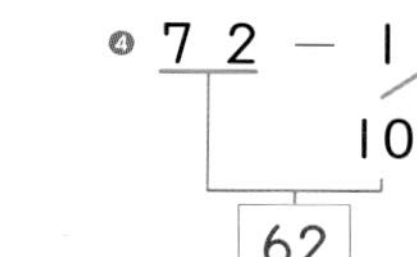

72에서 10을 먼저 뺀 다음 그 결과에서 3을 뺍니다.

⑤ 54 − 26 (26 = 4 + [22]) → [50] → [28]

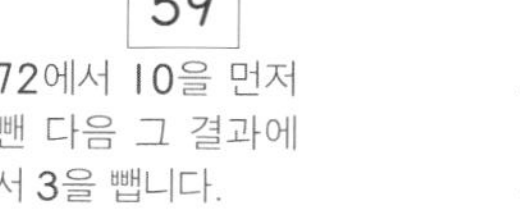

54에서 4를 먼저 뺀 다음 그 결과에서 22를 뺍니다.

⑥ 77 − 48 (48 = [40] + 8) → [37] → [29]

⑦ 31 − 18 (−20 + 2) → [11] → [13]

31에서 20을 먼저 뺀 다음 그 결과에 2를 더합니다.

⑧ 81 − 49 (−50 + [1]) → [31] → [32]

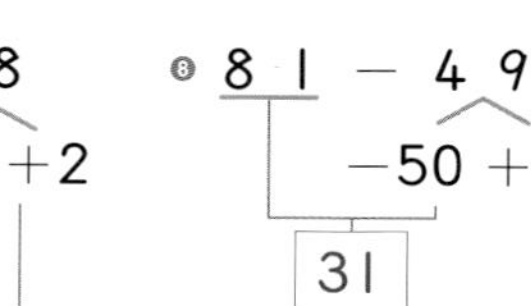
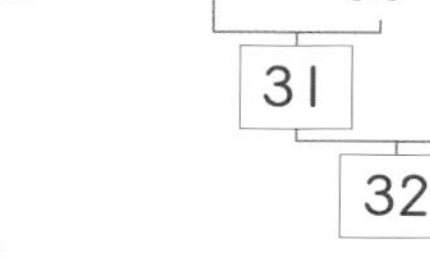

440 가로 뺄셈

◐ 여러 가지 방법으로 뺄셈을 한 것입니다. □ 안에 알맞은 수를 써넣으시오.

87－45
＝80＋7－[40]－5
＝40＋[2]
＝[42]

80에서 40을 빼고 7에서 5를 뺀 다음 두 계산 결과를 더합니다.

❶ 81－37
＝81－[1]－36
＝80－[36]
＝[44]

81에서 1을 먼저 뺀 다음 그 결과에서 36을 뺍니다.

❷ 74－58
＝74－[50]－8
＝[24]－8
＝[16]

74에서 50을 먼저 뺀 다음 그 결과에서 8을 뺍니다.

❸ 53－28
＝53－[30]＋2
＝[23]＋2
＝[25]

53에서 30을 뺀 다음 그 결과에 2를 더합니다.

◐ 여러 가지 방법으로 뺄셈을 한 것입니다. □ 안에 알맞은 수를 써넣으시오.

74－38
＝74－[40]＋2
＝[34]＋2
＝[36]

74에서 40을 뺀 다음 그 결과에 2를 더합니다.

❶ 63－36
＝63－[30]－6
＝[33]－6
＝[27]

63에서 30을 먼저 뺀 다음 그 결과에서 6을 뺍니다.

❷ 42－27
＝42－[2]－25
＝[40]－25
＝[15]

42에서 2를 먼저 뺀 다음 그 결과에서 25를 뺍니다.

❸ 81－49
＝81－[50]＋1
＝[31]＋1
＝[32]

81에서 50을 뺀 다음 그 결과에 1을 더합니다.

❹ 97－15
＝90＋7－10－[5]
＝80＋[2]
＝[82]

90에서 10을 빼고 7에서 5를 뺀 다음 두 계산 결과를 더합니다.

❺ 51－28
＝51－[20]－8
＝[31]－8
＝[23]

51에서 20을 먼저 뺀 다음 그 결과에서 8을 뺍니다.

잘 공부했는지 알아봅시다

월 일

1 여러 가지 덧셈 방법으로 계산한 것입니다. □ 안에 알맞은 수를 써넣으시오.

❶ $48 + 34 = \boxed{82}$

48에 2를 더해서 50을 만들기 위해 34를 2와 32로 나누어 더합니다.

34 → 2, $\boxed{32}$; 48 + 2 = $\boxed{50}$; 50 + 32 = $\boxed{82}$

❷ $63 + 29 = \boxed{92}$

더하는 수 29를 30을 더하고 1은 빼는 방식으로 계산합니다.

29 → $\boxed{30}$ − 1; 63 + 30 = $\boxed{93}$; 93 − 1 = $\boxed{92}$

2 62−19를 여러 가지 방법으로 계산하려고 합니다. □ 안에 알맞은 말을 써넣으시오.

$62-19=62-\boxed{20}+1$
$=\boxed{42}+1$
$=\boxed{43}$

$62-19=62-2-\boxed{17}$
$=60-\boxed{17}$
$=\boxed{43}$

3 56−29를 다음과 같이 두 수에 각각 1을 더해서 57과 30으로 만든 후 뺄셈을 하였습니다. 같은 방법으로 다음 뺄셈을 하시오.

$56-29=57-30=27$ (+1, +1)

$77-39=78-40=38$ (+1, +1)

441 수직선 식 세우기

◐ 다음을 식으로 나타내고, 빈칸에 알맞은 수를 써넣으시오.

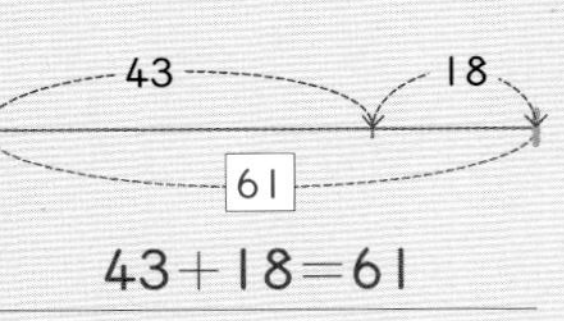

43+18=61

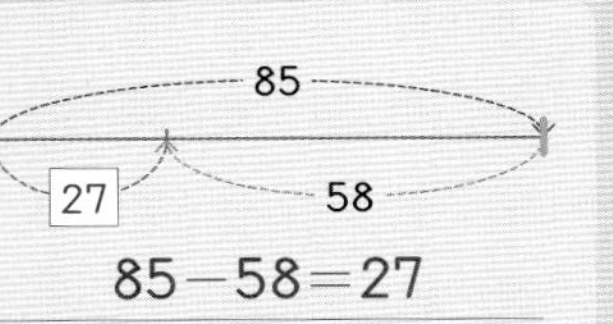

85−58=27

❶ 29, 35, 64 — 29+35=64

❷ 82, 18, 64 — 82−64=18

❸ 37, 54, 91 — 37+54=91

❹ 57, 29, 28 — 57−28=29

❺ 55, 37, 92 — 55+37=92

❻ 73, 37, 36 — 73−36=37

수직선에서 오른쪽으로 이동하는 화살표(↷)는 덧셈을 나타내고 왼쪽으로 이동하는 화살표(↶)는 뺄셈을 나타냅니다.

◐ 다음을 □가 있는 식으로 나타내고, 수직선의 빈칸에 알맞은 수를 써넣으시오.

57, 41, 98 — 57+□=98

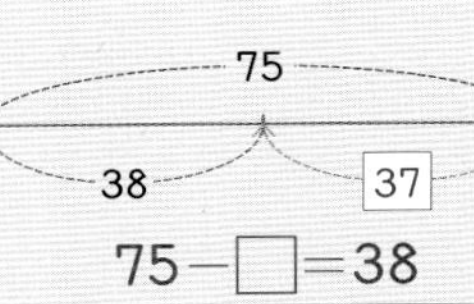

75, 38, 37 — 75−□=38

❶

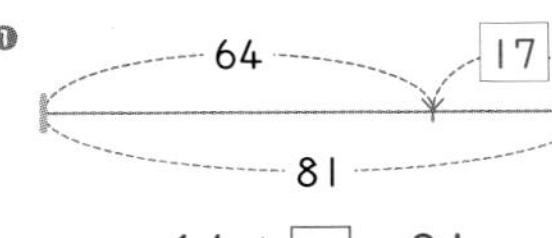

64, 17, 81 — 64+□=81

❷

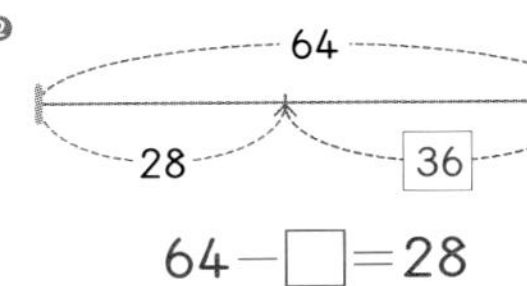

64, 28, 36 — 64−□=28

❸

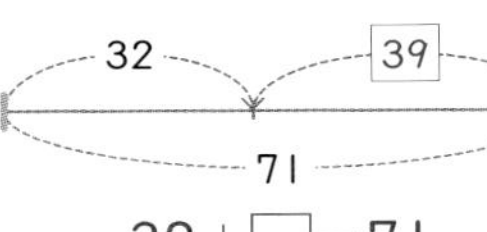

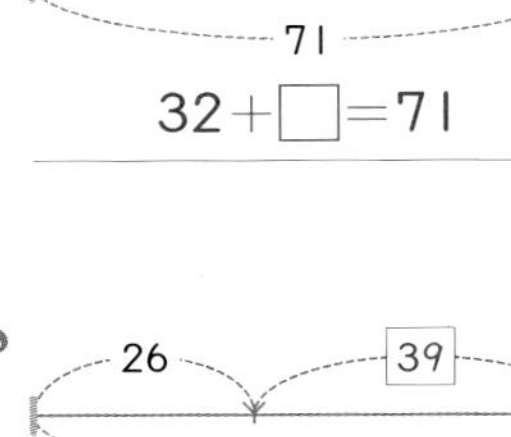

32, 39, 71 — 32+□=71

❹

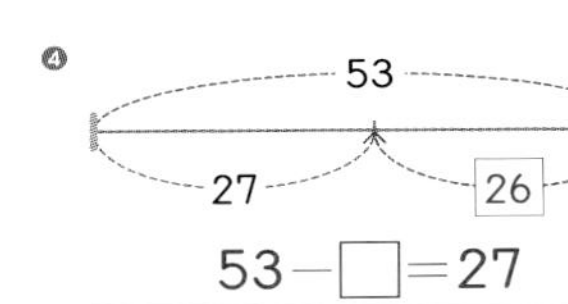

53, 27, 26 — 53−□=27

❺

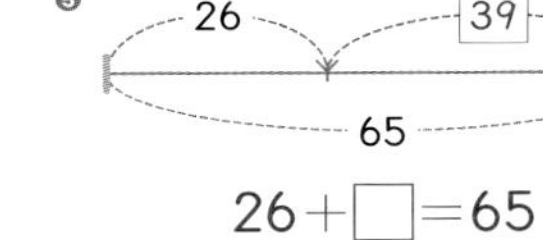

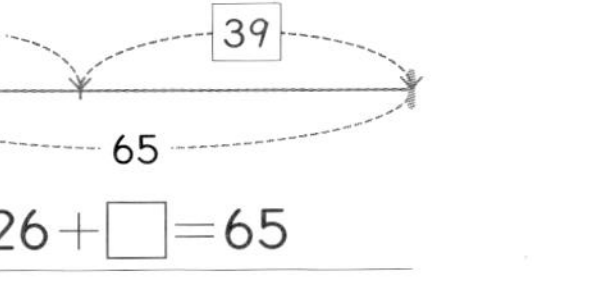

26, 39, 65 — 26+□=65

❻

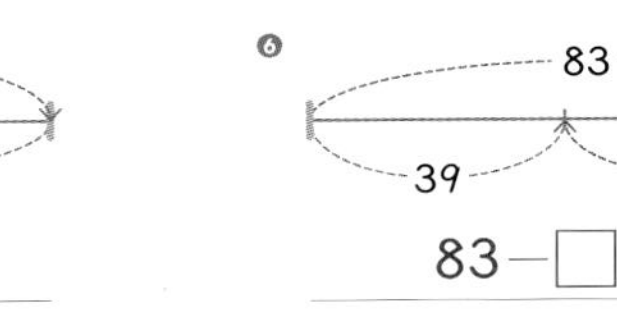

83, 39, 44 — 83−□=39

442 벌레셈 문장제

◆ 벌레셈의 □ 안에 알맞은 수를 써넣으시오.

(예) 46 + 15 = 61

❶ 63 + 34 = 97

❷ 56 + 18 = 74

❸ 49 + 25 = 74

❹ 51 + 42 = 93

❺ 46 + 17 = 63

❻ 74 − 32 = 42

❼ 83 − 26 = 57

❽ 95 − 69 = 26

❾ 92 − 38 = 54

❿ 79 − 56 = 23

⓫ 63 − 15 = 48

월 일

◆ 벌레셈을 세우고 두 수를 구하시오.

일의 자리 숫자가 7인 두 자리 수와 십의 자리 숫자가 3인 두 자리 수의 합이 61입니다.

□7 + 3□ = 61

27, 34

❶ 십의 자리 숫자가 3인 두 자리 수에 일의 자리 숫자가 5인 두 자리 수를 더했더니 74가 되었습니다.

3□ + □5 = 74

39, 35

❷ 일의 자리 숫자가 4인 두 자리 수에서 십의 자리 숫자가 2인 두 자리 수를 뺐더니 28이 되었습니다.

□4 − 2□ = 28

54, 26

❸ 일의 자리 숫자가 7인 두 자리 수에서 십의 자리 숫자가 1인 두 자리 수를 뺐더니 48이 되었습니다.

□7 − 1□ = 48

67, 19

443 숫자 카드 조건

◐ 숫자 카드로 조건에 맞게 식을 만든 것입니다. 빈칸에 알맞은 수를 써넣으시오.

조건
만들 수 있는 두 자리 수 중
가장 큰 수와 가장 작은 수의 차

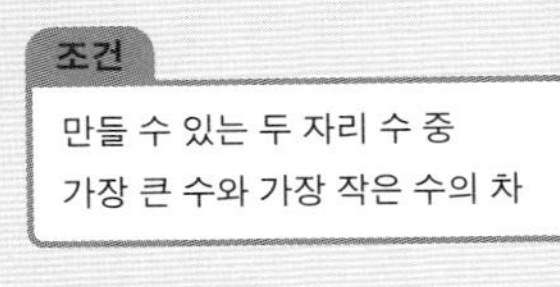

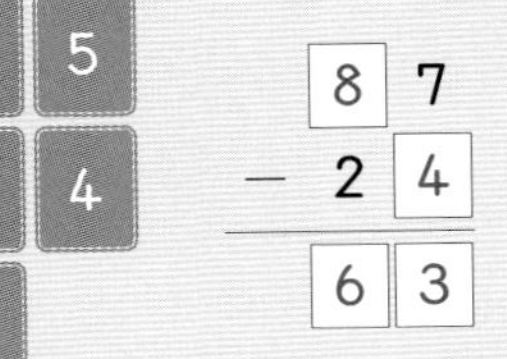

❶ 조건
만들 수 있는 두 자리 수 중
가장 큰 수와 가장 작은 수의 차

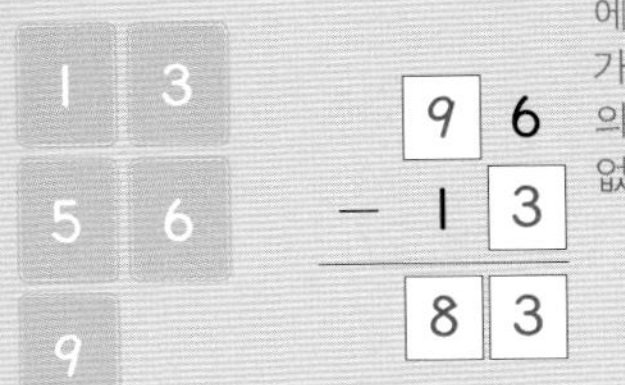

숫자 카드로 만들 수 있는 가장 큰 두 자리 수는 십의 자리에 가장 큰 숫자, 일의 자리에 두 번째로 큰 숫자가 오면 됩니다. 가장 작은 두 자리 수는 십의 자리에 가장 작은 숫자, 일의 자리에 두 번째로 작은 숫자가 오면 됩니다. 단, 십의 자리에는 0이 올 수 없음에 주의합니다.

❷ 조건
만들 수 있는 두 자리 수 중
가장 큰 수와 가장 작은 수의 합

숫자 카드: 1, 2, 5, 6, 9

$96 + 12 = 108$

❸ 조건
만들 수 있는 두 자리 수 중
가장 큰 수와 가장 작은 수의 합

숫자 카드: 3, 4, 6, 7, 8

$87 + 34 = 121$

◐ 주어진 숫자 카드를 사용하여 조건에 맞는 식과 답을 쓰시오.

조건
십의 자리 숫자가 7인 가장 작은 수와 십의 자리 숫자가 4인 가장 큰 수의 차

숫자 카드: 1, 6, 7, 4, 9

71−49=22, 22

❶ 조건
일의 자리 숫자가 4인 가장 큰 수와 십의 자리 숫자가 3인 가장 작은 수의 차

84−32=52, 52

❷ 조건
십의 자리 숫자가 3인 가장 큰 수와 십의 자리 숫자가 6인 가장 작은 수의 합

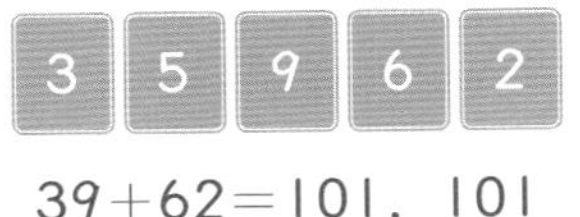

39+62=101, 101

❸ 조건
일의 자리 숫자가 4인 가장 작은 수와 십의 자리 숫자가 7인 가장 큰 수의 합

14+78=92, 92

444 세 수 문장제

월 일

◐ 문제에 맞게 □ 안에 알맞은 수를 써넣으시오.

어머니께서 사탕 24개를 사오셨고, 아버지께서 어머니보다 11개 더 많이 사오셨습니다. 어머니와 아버지께서 사오신 초콜릿은 모두 몇 개입니까?

식 : 24 + 24 + 11 = 59 (개)
(어머니) (아버지)

❶ 22명이 타고 있던 버스에 첫 번째 정류장에서 15명이 타고, 두 번째 정류장에서 17명이 탔습니다. 버스에 타고 있는 사람은 모두 몇 명입니까?

식 : 22 + 15 + 17 = 54 (명)

❷ 빨간색 색종이가 12장 있고, 노란색 색종이는 빨간색 색종이보다 49장 더 많습니다. 색종이는 모두 몇 장입니까?

식 : 12 + 12 + 49 = 73 (장)

❸ 상자에 초콜릿 91개가 있습니다. 아몬드 초콜릿이 51개, 밀크 초콜릿이 12개이고 나머지는 모두 다크 초콜릿입니다. 다크 초콜릿은 몇 개입니까?

식 : 91 − 51 − 12 = 28 (개)

❹ 선재는 빨간색 구슬 37개, 파란색 구슬 26개를 가지고 있었습니다. 누나에게 구슬을 17개 주었습니다. 선재가 가지고 있는 구슬은 모두 몇 개입니까?

식 : 37 + 26 − 17 = 46 (개)

◐ 문제를 읽고 알맞은 식과 답을 쓰시오.

학급 문고를 만들기 위해 책을 모았습니다. 어제는 22권을 모았고, 오늘은 어제보다 38권을 더 모았습니다. 모두 몇 권이 되었습니까?

식 : 22+22+38=82 답 : 82 권

❶ 딱지를 현우는 49개, 민주는 30개, 소연이는 18개를 모았습니다. 세 사람이 모은 딱지는 모두 몇 개입니까?

식 : 49+30+18=97 답 : 97 개

❷ 유진이는 어제 영어 단어 36개를 외웠고, 오늘은 어제보다 19개를 더 외웠습니다. 유진이가 2일 동안 외운 영어 단어는 모두 몇 개입니까?

식 : 36+36+19=91 답 : 91 개

❸ 음악실에 1인용, 2인용, 3인용 의자가 모두 60개 있습니다. 1인용 의자가 20개, 2인용 의자가 14개가 있다면, 3인용 의자는 모두 몇 개입니까?

식 : 60−20−14=26 답 : 26 개

❹ 귤 한 상자에는 귤이 모두 83개 들어 있습니다. 민지 어머니께서는 앞집에 귤 45개를 주시고, 옆집에 23개를 주셨습니다. 남은 귤은 모두 몇 개입니까?

식 : 83−45−23=15 답 : 15 개

잘 공부했는지 알아봅시다

월 일

1 다음을 □가 있는 식으로 나타내고 빈칸에 알맞은 수를 써넣으시오.

❶

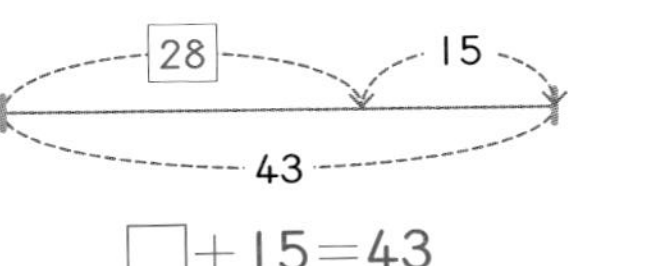

□+15=43

❷

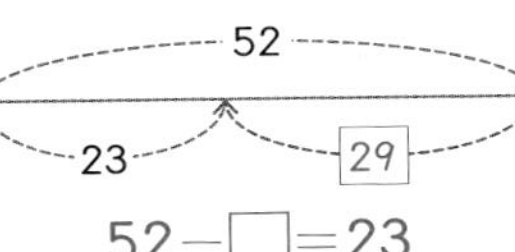

52−□=23

수직선에서 덧셈이면 오른쪽으로 이동하고 뺄셈이면 왼쪽으로 이동하여 계산합니다.

2 민주와 슬기는 각자 가지고 있는 세 장의 숫자 카드 중에서 두 장으로 가장 큰 두 자리 수를 만들었습니다. 만든 두 수를 더한 값을 구하시오. 118

민주

슬기

민주가 만든 가장 큰 두 자리 수는 43, 슬기가 만든 가장 큰 두 자리 수는 75
두 수의 합은 43+75=118

3 다음과 같이 일의 자리 숫자가 8인 두 자리 수와 십의 자리 숫자가 4인 두 자리 수가 있습니다. 이 두 수의 합이 73일 때 두 수를 각각 구하시오. 28, 45

$$\begin{array}{r} 28 \\ +\ 45 \\ \hline 73 \end{array}$$

4 바구니에 사탕이 42개 들어 있습니다. 그중 15개를 먹고 28개를 더 넣었습니다. 지금 바구니에 들어 있는 사탕은 몇 개입니까?

식 : 42−15+28=55 답 : 55 개

445 거꾸로셈

월 일

◐ ○ 안에 + 또는 −를, □ 안에는 알맞은 수를 써넣으시오.

(예) 61 →(+31)→ 92, 92 →(− 31)→ 61

❶ 72 →(−45)→ 27, 27 →(+ 45)→ 72

❷ 45 →(+26)→ 71, 71 →(− 26)→ 45

❸ 53 →(−16)→ 37, 37 →(+ 16)→ 53

❹ 26 →(+37)→ 63, 63 →(− 37)→ 26

❺ 72 →(−53)→ 19, 19 →(+ 53)→ 72

❻ 35 →(+29)→ 64, 64 →(− 29)→ 35

❼ 98 →(−54)→ 44, 44 →(+ 54)→ 98

❽ 27 →(+63)→ 90, 90 →(− 63)→ 27

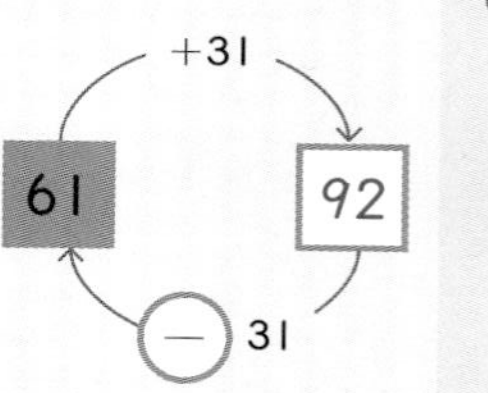
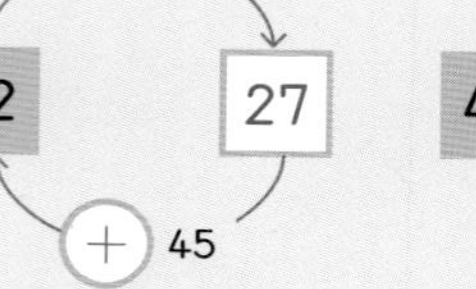
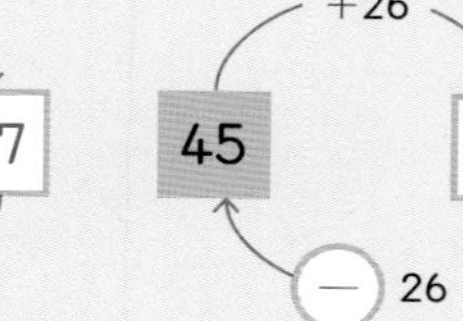
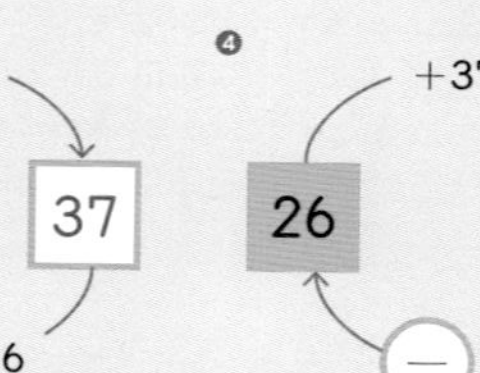
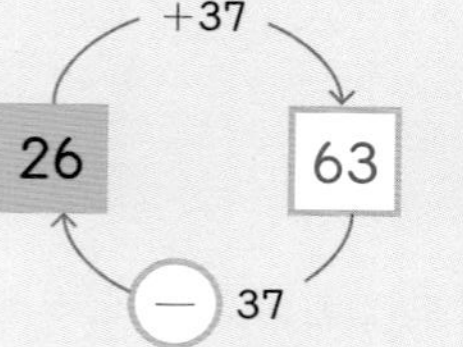
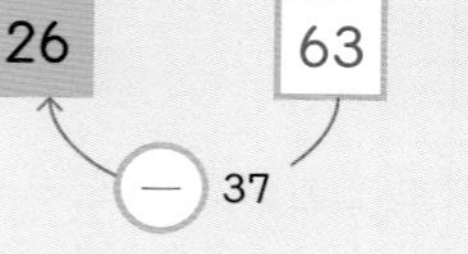

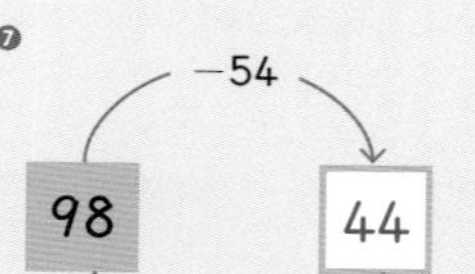
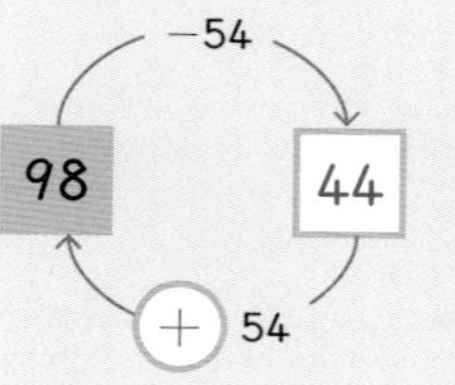
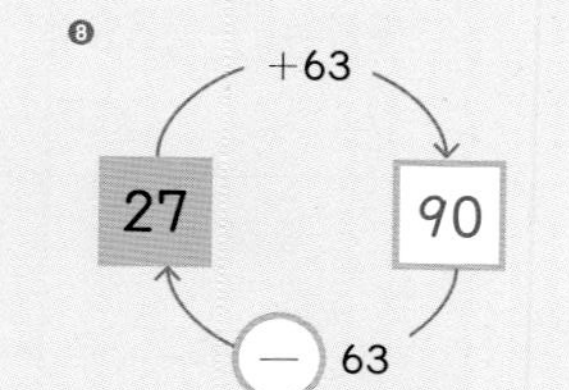

◐ 빈칸에 알맞은 수를 써넣으시오.

(예) 27 →(+42)→ 69 →(−54)→ 15, 15 →(+54)→ 69 →(−42)→ 27

❷ 89 →(−35)→ 54 →(−18)→ 36

❹ 76 →(+11)→ 87 →(−49)→ 38

❻ 32 →(−19)→ 13 →(+51)→ 64

❽ 52 →(−27)→ 25 →(−19)→ 6

거꾸로 계산하면 편리합니다. 거꾸로 계산할 때에는 덧셈은 뺄셈으로, 뺄셈은 덧셈으로 바꾸어 계산합니다.

❶ 27 →(+12)→ 39 →(+36)→ 75, 75 →(−36)→ 39 →(−12)→ 27

❸ 64 →(+27)→ 91 →(−76)→ 15

❺ 48 →(−29)→ 19 →(+66)→ 85

❼ 25 →(+33)→ 58 →(+18)→ 76

❾ 82 →(−15)→ 67 →(+23)→ 90

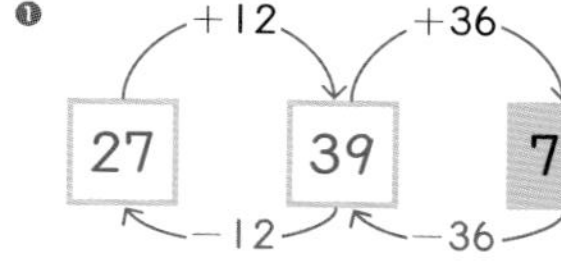
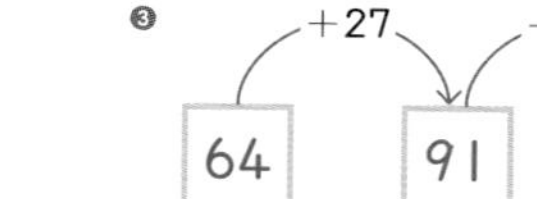
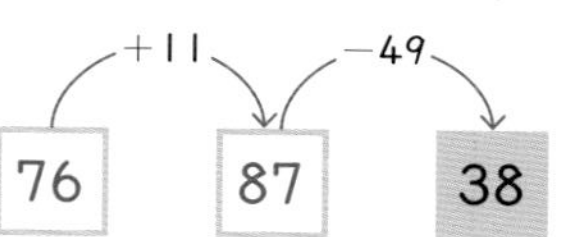
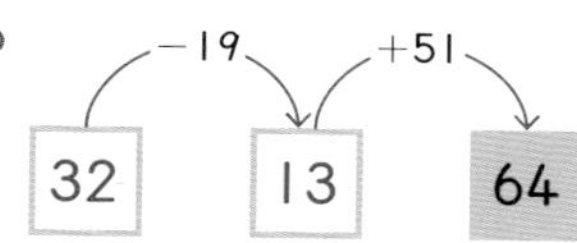
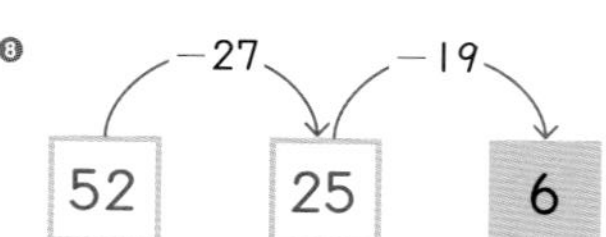
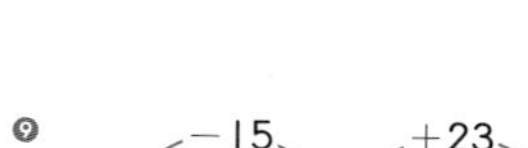
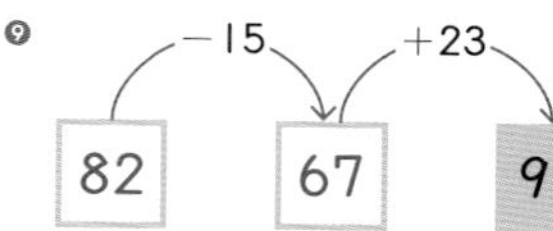

446 대소셈

● □ 안에 들어갈 수 있는 수에 ○표 하시오.

□ 안에 수를 넣어 부등식이 성립하는지 알아봅시다.

55+□<82

(26) 27 28

55+(26)<82
55+27=82
55+28>83

❶ 36+□>64

27 28 (29)

36+27<64
36+28=64
36+(29)>64

❷ □+74<91

(16) 17 18

(16)+74<91
17+74=91
18+74>91

❸ □+49>96

46 47 (48)

❹ 21+□<58

(36) 37 38

❺ 18+□> 75

56 57 (58)

❻ 86−□<42

43 44 (45)

❼ 70−□>39

(30) 31 32

❽ □−62<29

(90) 91 92

❾ □−24>38

61 62 (63)

❿ 92−□<47

44 45 (46)

⓫ 63−□>29

(33) 34 35

● ■ 안에 들어갈 수 있는 수 중에서 가장 큰 수를 □ 안에 쓰시오.

37+■<53

15

37+■가 53보다 작아야 하므로 37+■의 계산 결과가 52, 51, 50, …이면 됩니다. 따라서 ■의 값 중 가장 큰 수는 계산 결과가 52가 되는 15입니다.

❶ ■+29<76

46

❷ 45+■<81

35

45+■가 80일 때 ■의 값이 가장 크므로 ■=35

❸ 60−■>27

32

❹ ■−42<18

59

❺ 91−■>65

25

● ■ 안에 들어갈 수 있는 수 중에서 가장 작은 수를 □ 안에 쓰시오.

52+■>81

30

52+■=82일 때 ■의 값이 가장 작으므로 ■=30

❻ ■+25>51

27

❼ 17+■>51

35

❽ 73−■<28

46

❾ ■−29>54

84

❿ 56−■<38

19

56−■=37일 때 ■의 값이 가장 작으므로 ■=19

447 복면셈

월 일

◐ 같은 모양에는 같은 숫자, 다른 모양에는 다른 숫자가 들어갑니다. 빈칸에 알맞은 수를 써넣으시오.

(예) 39 + 74 = 113 (빈칸: 3, 3 / ○: 1, 1)
두 자리 수끼리의 덧셈 결과가 세 자리 수이면 백의 자리 숫자는 항상 1입니다.

❶ 64 + 28 = 92

❷ 43 + 61 = 104

❸ 78 + 53 = 131

❹ 45 + 72 = 117

❺ 71 − 15 = 56

❻ 52 − 15 = 37

❼ 72 − 35 = 37

❽ 62 − 36 = 26

◐ 같은 모양은 같은 숫자, 다른 모양은 다른 숫자를 나타냅니다. 각 모양이 나타내는 숫자를 구하시오.

(예) ★6 + 8◆ = ◆5★ ★=7, ◆=1
두 자리 수끼리의 덧셈 결과가 세 자리 수이므로 ◆=1

❶ ★9 + ◆5 = 8◆ ★=3, ◆=4

❷ ◆★ + ◆5 = ★2 ★=7, ◆=3

❸ ★◆ + 1◆ = ◆2 ★=4, ◆=6
◆+◆=2인 경우는 ◆=1 또는 ◆=6입니다.

❹ 9★ − ◆7 = ★8 ★=5, ◆=3

❺ ★◆ − 42 = ◆9 ★=6, ◆=1

❻ ★3 − ◆★ = ◆8 ★=5, ◆=2

❼ ★0 − 1◆ = 6◆ ★=8, ◆=5 또는 ★=7, ◆=0

448 최대합 최소차

◐ 숫자 카드를 사용하여 여러 가지 덧셈식을 만든 것입니다. 가장 큰 합에 ○표 하시오.

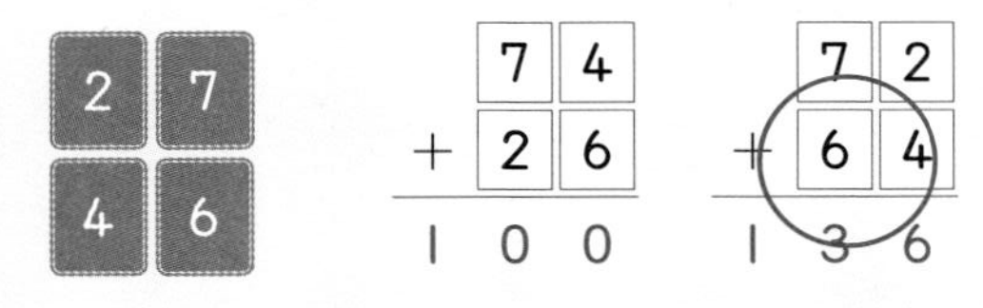

카드: 2, 7, 4, 6

74 + 26 = 100 / (○) 72 + 64 = 136 / 27 + 46 = 73

❶ 카드: 1, 3, 5, 9

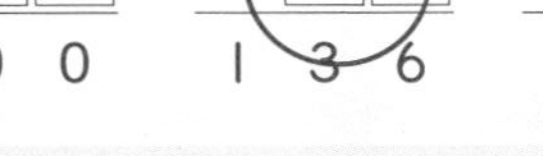

39 + 51 = 90 / 95 + 31 = 126 / (○) 91 + 53 = 144

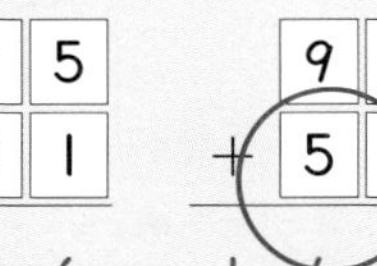
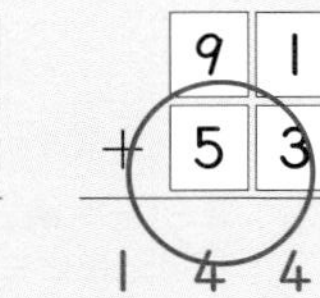
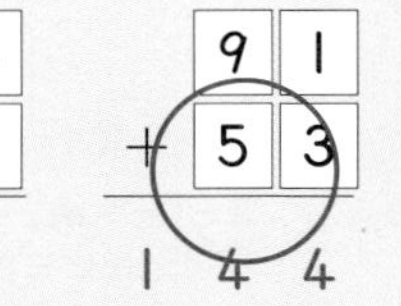

◐ 숫자 카드를 사용하여 여러 가지 뺄셈식을 만든 것입니다. 가장 작은 차에 ○표 하시오.

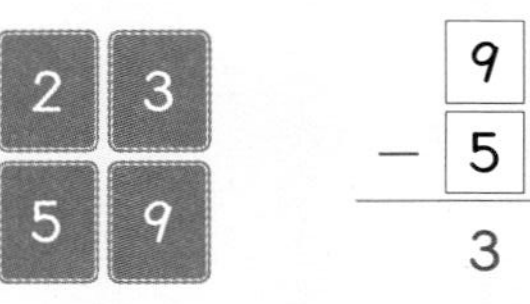

카드: 2, 3, 5, 9

92 − 53 = 39 / 39 − 25 = 14 / (○) 35 − 29 = 6

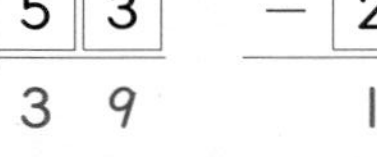

❷ 카드: 2, 6, 5, 8

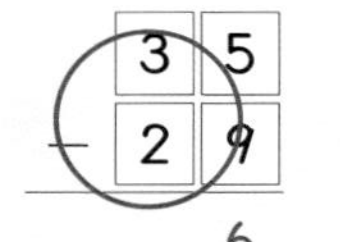
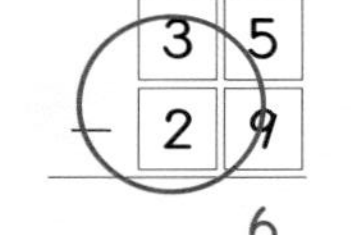

86 − 25 = 61 / (○) 62 − 58 = 4 / 68 − 52 = 16

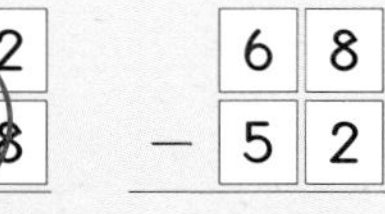

◐ 숫자 카드를 사용하여 두 자리 수끼리의 덧셈식과 뺄셈식을 만들어 가장 큰 합과 가장 작은 차를 구하시오.

카드: 3, 5, 8, 6

가장 큰 합	가장 작은 차
85 + 63 = 148	63 − 58 = 5

계산 결과를 가장 크게 하려면 가장 큰 수인 8과 두 번째로 큰 수인 6을 각각 십의 자리에 쓰고 나머지를 일의 자리에 씁니다.

세로셈의 덧셈에서는 십의 자리 수끼리, 일의 자리 수끼리 바꾸어 써도 됩니다. 따라서 계산 결과가 맞으면 정답입니다.

❶ 카드: 2, 6, 7, 4

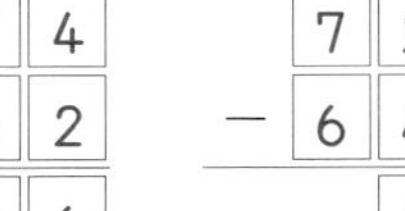

가장 큰 합	가장 작은 차
74 + 62 = 136	72 − 64 = 8

가장 작게 하려면 네 수 중 가장 가까운 두 수를 각각 십의 자리에 쓰고, 나머지 수 중 작은 수를 빼지는 수의 일의 자리에, 큰 수는 빼는 수의 일의 자리에 씁니다.

❷ 카드: 1, 2, 5, 8

가장 큰 합	가장 작은 차
82 + 51 = 133	25 − 18 = 7

❸ 카드: 4, 5, 7, 9

가장 큰 합	가장 작은 차
95 + 74 = 169	57 − 49 = 8

잘 공부했는지 알아봅시다

월 일

1 □ 안에 들어갈 수 있는 수 중 가장 큰 수를 구하시오. 17

33 < 51 − □

33 < 51 − 16
33 < 51 − (17)
33 = 51 − 18
33 > 51 − 19
33 > 51 − 20

2 같은 모양은 같은 숫자일 때, ♥에 알맞은 숫자를 구하시오. 4

$$\begin{array}{r} ♠\ 2 \\ -\ ♥\ 4 \\ \hline 3\ ♠ \end{array}$$

일의 자리 계산에서 2에서 4를 뺄 수 없으므로 받아내림하여 계산을 하면 12−4=8이므로 ♠=8, 십의 자리 계산에서 7−♥=3이므로 ♥=4입니다.

차가 가장 작은 식을 만들 때에는 네 수 중 가까운 수 두 개를 골라 십의 자리에 씁니다. 큰 수는 위에, 작은 수는 아래에 씁니다. 남은 두 수 중에서 작은 수를 위에, 큰 수를 아래에 씁니다.

3 숫자 카드를 모두 사용하여 계산 결과가 가장 큰 덧셈식과 계산 결과가 가장 작은 뺄셈식을 만드시오.

3　9　7　6

$$\begin{array}{r} 9\ 6 \\ +\ 7\ 3 \\ \hline 1\ 6\ 9 \end{array} \qquad \begin{array}{r} 7\ 3 \\ -\ 6\ 9 \\ \hline 4 \end{array}$$

합이 가장 큰 수를 만들 때 가장 큰 수와 두 번째로 큰 수는 각각 십의 자리에 씁니다.

$$\begin{array}{r} 9\ 3 \\ +\ 7\ 6 \\ \hline 1\ 6\ 9 \end{array} \quad \begin{array}{r} 7\ 3 \\ +\ 9\ 6 \\ \hline 1\ 6\ 9 \end{array} \quad \begin{array}{r} 7\ 6 \\ +\ 9\ 3 \\ \hline 1\ 6\ 9 \end{array}$$

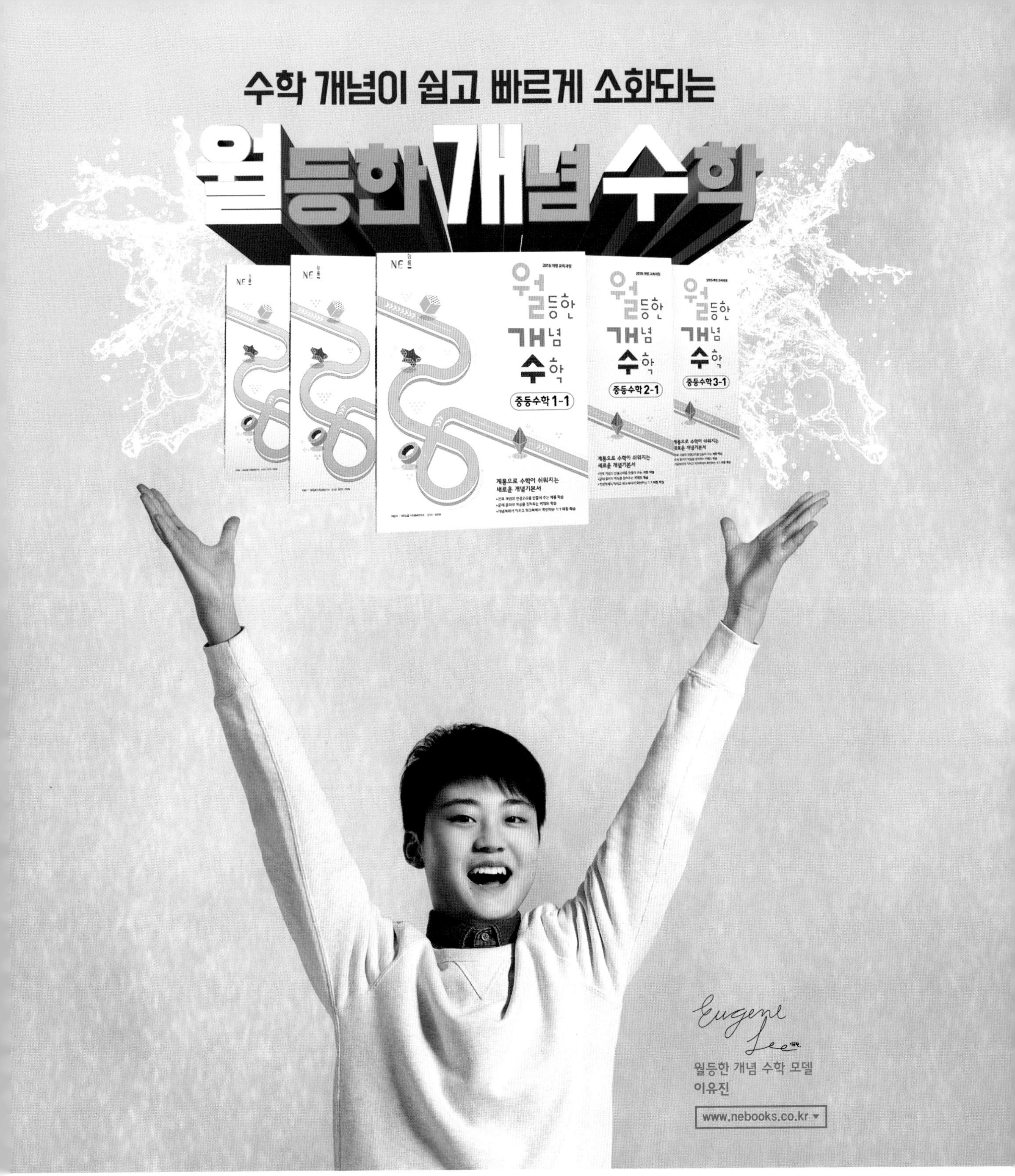
수학 개념이 쉽고 빠르게 소화되는
월등한 개념 수학
월등한 개념 수학
중등수학 1-1
중등수학 2-1
중등수학 3-1
계통으로 수학이 쉬워지는
새로운 개념기본서
Eugene Lee
월등한 개념 수학 모델
이유진
www.nebooks.co.kr